산림정책과 산림문화 역사성 규명을 위한

국역 유산기

國譯 遊山記

산림정책과 산림문화 역사성 규명을 위한
국역 유산기 - 충청도, 전라(큰글자도서)

초판인쇄 2023년 5월 31일
초판발행 2023년 5월 31일

지은이 국립수목원
발행인 채종준
발행처 한국학술정보(주)

주소 경기도 파주시 회동길 230(문발동)
문의 ksibook13@kstudy.com
출판신고 2003년 9월 25일 제406-2003-000012호
인쇄 북토리

ISBN 979-11-6983-379-0 93910

정부간행물발간등록번호
11-1400119-000227-10

산림역사 자료 연구총서 5 – 충청도, 전라도

산림정책과 산림문화 역사성 규명을 위한

국역 유산기

國譯 遊山記

국립수목원 편저

　우리나라는 국토의 64%가 산으로 이루어져 전국에 걸쳐 명산과 문화 유적들이 두루 산재해 있습니다.

　유산기는 산을 유람하면서 그 정경을 읊고 감흥을 노래한 기록입니다. 조선 지식인 사회에서 명산(名山)을 기행하는 것은 하나의 열병처럼 번져 있었습니다. 그 예로 와유록(臥遊錄)을 들 수 있습니다. 와유(臥遊)란 화공(畫工)이 좋은 경치를 실경으로 화폭에 옮긴 것을 '벌렁 드러누워 즐긴다'는 뜻으로, 신선도교 문학에서 유래한 말입니다.

　이처럼 와유하는 것 조차 홍치로 즐겼다고하니 유산에 대한 갈망이 어찌했는지 짐작할만 합니다. 강원도 유산기를 살펴보면 금강산과 설악산이 주를 이루며 유람한 사람의 연령대는 비교적 고르게 분포하고 있습니다. 여행 동기는 금강산의 아름다운 산수감상, 공부의 한 수단으로 심신수련, 금강산에 축적된 문화유산 체험이었습니다.

　충청도는 예로부터 평야가 넓고 강이 흘러서 토지가 비옥해서 부자가 많았으며, 전국에서 양반들이 가장 많은 지역이었다고 합니다. 특히 한반도의 중앙부에 위치한 충청도와 남서쪽에 위치한 전라도는 서쪽으로는 해안선을 따라 서해와 접해 있고, 동쪽으로는 경상도, 북쪽으로는 경기도와 강원도에

접해 있습니다.

호서지역인 충청도의 중앙을 비스듬히 차령산맥과 소백산맥이, 그 북서부의 내포지방을 남북으로 달리는 가야산맥, 동남부의 계룡산지, 그리고 노령산맥에 속한 동남부의 금산고원으로 나누어집니다. 계룡산, 속리산, 화양동 등 유명한 산이 모여 있으며, 그 산에는 동학사·법주사와 같은 유서 깊은 사찰도 있습니다.

호남 지역인 전라도에는 두 개의 평야가 있는데, 하나는 한반도 최대의 평야인 전북 서부의 호남평야가 있고 다른 하나는 전남 서부에 위치한 나주평야가 있습니다. 호남평야에는 도시가 발달한 반면 호남 동부는 험준한 산지입니다. 소백산맥, 노령산맥 등의 산악지대와 이들 산지로부터 발원하여 하천들이 흐르는 내륙의 분지지역들은 해안 및 도서지방과는 기후적으로 차이를 나타내고 있습니다. 또한 덕유산·무등산·월출산·태백산·유달산 등 유명한 산이 모여 있으며, 그 산에는 백련암·운주사·은적사와 같이 유서 깊은 사찰도 있습니다.

이번에 발간한 『충청도·전라도 유산기』는 「충청도·전라도지역 산림역사 자료의 유형별 분류 및 활용에 관한 연구」의 일환으로 경상북도산림과학박

물관에서 조사한 157편의 유산기 중 각 10편을 발췌 번역한 자료입니다.

유산기는 말 그대로 산수 간을 노닐고서 기록한 것입니다. 이를 통해 우리 선조들의 유교문화와 산림문화의 오묘한 만남을 발견할 수 있습니다. 산수유기를 통해 주체의 관찰과 행위를 알 수 있으며, 자연 앞에 인간의 왜소함을 돌아보는 겸허를 배웁니다. 솜씨 좋은 사진을 보듯 펼쳐지는 경관이며, 꼼꼼하고 치밀한 선인들의 기록정신, 봉우리의 유래와 산비탈의 모습과 능선의 굴곡이 눈앞에서 펼쳐집니다.

이처럼 아름다운 충청도·전라도지역의 명산 유산기를 한 권의 책으로 담아 봅니다. 아무쪼록 등산 가방 하나 둘러메고 충청도·전라도지역의 산야를 찾는 이들에게 우리 전통산림문화를 이해하는 길잡이가 될 수 있기를 기대합니다. 아울러 이 책의 발간을 통해 창조적 산림휴양문화의 복원과 조선시대 생활사, 사회사, 지성사, 문화사의 소중한 기초연구자료로 활용되었으면 하는 작은 바람도 있습니다. 마지막으로 이 책이 나오기까지 고생하신 모든 분들께 진심으로 감사의 인사를 올립니다.

2016년 11월
국립수목원장 이유미

| 목차 |

머리말 … 005

1

가섭산기

迦葉山記

박종영朴宗永

박종영(朴宗永, 미상~1875): 자는 미여(美汝), 호는 송오(松塢), 본관은 반남(潘南)이다. 금석(錦石) 박준원(朴準源)의 다섯째 아들이다. 여동생이 정조(正祖)의 후궁(後宮)으로 들어가 순조(純祖)를 낳아, 화려한 문벌을 배경으로 갖게 되었으나 학문에만 정진하였다. 음직(蔭職)으로 양근군수(楊根郡守)와 도정(都正)을 역임하다. 문집으로 11권 8책의 『송오유고(松塢遺稿)』가 있다.

해제解題

「가섭산기迦葉山記」는 박종영朴宗永, 미상~1875이 가섭산迦葉山의 명칭 유래와 산꼭대기에 올라 산 아래를 내려다보면서 자신이 느낀 바를 기록해 놓은 것이다. 작자는 산이 본래 사물을 윤택하게 하고 사람을 이롭게 하여 어진 이가 산을 좋아한다고 했다. 또한 나라를 다스리고자 한다면 산의 장중함과 단정함을 취하고, 산이 허물과 잘못을 품는 것을 취하고, 산이 우뚝하게 고을을 진호하는 것을 취하고, 산의 정기가 아래로 스며드는 것을 취하게 해야 한다고 말하고 있다.

국역國譯

충청도 설성雪城, 충북 음성 북쪽에 우뚝하니 높이 솟은 것이 가섭산迦葉山[1]이다. 산의 이름은 내가 아직 궁구한 적이 없으나 생각건대 부처를 모시는 옛 암자가 있고 불교도 중에 가섭이라는 이름이 있는 까닭에 그 이름을 취했을 것이다. 산의 높이를 헤아리면 몇 천백 장이나 되는지 알지 못하고 그 길이가 면적에 해당할 만큼 커서 산은 예주藥州, 충북 충주에 걸터앉고 설성이 그 뒤를 차지했으니 우뚝하게 두 고을의 진산이 되었다. 그 형태는 두텁고 넓어서 깎아지른 듯 솟구친 모양이 없어 바라보면 엄연히 장중하여 마치 나이든 거인이 은나라 모자나 주나라 모자를 쓰고서 공손한 자세로 서서히 나아가면서 앞뒤로 옷자락을 날개처럼 활짝 펼친 듯하

---

1) 가섭산(迦葉山): 충청북도 음성군의 음성읍 동쪽 끝에 있는 산이다(고도 710m). 충주시 신니면과 경계를 이룬다. 『신증동국여지승람(新增東國輿地勝覽)』에 "현 북쪽 8리에 있고 진산(鎭山)이다. 보은 속리산으로부터 뻗어 온 산줄기이다."라고 기록되어 있다.

였다.

설성의 농민들 속담에 '산의 정기가 땅에 스며들어 도랑마다 가득 넘쳐서 설성으로 오면 설성에 풍년이 들고 충주로 가면 충주의 곡식이 잘 익는데 해마다 정해진 게 없다'고 하니, 산이 널리 베풀지 못하고 한쪽으로 치우쳤다는 것인가. 오호라, 널리 베푸는 것은 요순 같은 성군도 오히려 근심하던 것이었거늘 어찌 이 산을 탓할 수 있을까. 이곳의 지방관이 정사가 맑고 백성이 화합하는 것을 천지신명의 가호 때문이라고 여기면 산이 도운 것일까. 그 또한 행불행에 달렸을 따름이다.

산은 본래 사물을 윤택하게 하고 사람을 이롭게 한다. 그러므로 어진 이가 산을 좋아한다. 사람이 성심으로 남을 포용하는 덕이 있다면 마치 산과 숲이 독충을 끌어안는 것과 같다고 하겠다. 호랑이와 표범 같은 맹수를 숨기고 산꼭대기와 벼랑이 무너지며 여울과 폭포가 터져서 사람에게 해를 끼치는 일 같은 것이 어찌 산이 하고자 한 바이겠는가. 사람이 스스로 살피지 않았을 뿐이다. 이제 만약 산이 사물을 윤택하게 하는 뜻을 미루어 살피면 이 산이 어찌 다만 두 고을에 이로울 뿐이겠는가. 장차 온 나라에도 여유가 있게 될 것이다.

내가 일찍이 그 산꼭대기에 올라가 안력을 다해 바라보았더니 한강에 다다라 개성 송악산松嶽山에 읍하고 영남의 산들을 굽어보며 새재로 통하며 옛 맥국貊國의 터전인 춘천을 움켜쥐고서 깊고 험한 곳이 이어지니, 그 괴상함을 보이고 기이함을 거두는 것이 두 고을에만 그치지 않았다. 내가 이로 인하여 허공에 기대어 이치를 따져보아 묵묵히 깨닫는 바가 있었다. 이전에 공자가 동산에 올라 노나라를 작다 하고 태산에 올라 천하를 작다고 한 것이 어찌 정말로 노나라와 천하가 작아서인가. 공자의 도는 지극히 크고 높아 천지를 아우르며 만물을 놓치지 않는다. 그러므로 비슷한 것을 미루어 본뜨면 또한 성인의 마음과 맞아떨어지는 것이 있게 될 것이다.

지금 저 관하(關和)[2]는 지극히 미묘하여 한 나라가 그것을 취해서 법도를 만들고 도량형을 제정한 것이 지극히 적다. 천하가 그것을 취해서 제도를 바르게 하면 사물이 있는 곳에 이치 역시 담기는 법이니, 사람에게 있어서는 궁리와 격물을 어떻게 하느냐는 문제일 뿐이다. 만약 세상에서 국정을 쥐고 백성의 목숨을 맡은 자가 본심을 보전하고 남에게 혜택을 베풀고자 한다면, 이 산을 보고 본 받아서 거의 다스림을 이룰 것이다. 산의 장중하고 단정함을 취하여 그 위의를 닦고, 산이 허물과 잘못을 품는 것을 취하여 그 기량을 넓히며, 산이 우뚝하게 고을을 진호하는 것을 취하여 나라의 기강을 바로잡고, 산의 정기가 아래로 스며드는 것을 취하여 전답을 기름지게 하고 백성의 산업을 두텁게 한다. 이를 미루어 가면 어찌 한 나라만이 그 은택을 입겠는가. 그 윤택을 넓히면 비록 천하를 평안하게 하는 데 이르는 것도 이것 외에는 없을 것이다. 그렇다면 이 산이 널리 베풀지 않아 한쪽으로 치우쳤다고 헐뜯는 말을 나는 믿지 않으리라, 나는 믿지 않으리다.

원문原文

道雪城以北. 巋然而高者. 曰迦葉山. 山之名義. 余未究焉. 意者由有古庵護佛氏. 佛之徒有迦葉之號. 故仍以取之歟. 量山之高. 不知其幾千百丈.

---

2) 관화(關和):『서경(書經)』「하서(夏書) 오자지가(五子之歌)」에 나오는 관석화균(關石和鈞)의 준말이다. 석(石)은 120근(斤), 균(鈞)은 30근으로 무게의 단위이고, 관(關)은 유통시킨다는 뜻이며, 화(和)는 고르게 한다는 뜻으로 석(石)을 유통시키고 균(鈞)을 고르게 한다는 것은 백성이 사용하는 저울을 공정하게 하는 것이니, 곧 법도(法度)를 잘 지키도록 한다는 말이다.

其亥稱之面. 山跨藥州. 雪據其背. 巉然爲兩邑巨鎮. 蓋其爲形也. 肥厚磅礴. 無戌削峭拔之態. 望之儼然尊重. 如大老巨人. 服殷冔周冕. 張拱徐趨. 前後翼如也. 雪之農民諺曰. 山之靈液滲漉. 汪洋澮溝. 注之雪. 則雪豐. 注于藥. 則藥熟. 歲無定期云. 蓋山而不能博施而有偏者歟. 鳴呼. 博施堯舜其猶病諸. 奚責於茲山哉. 其或守土者. 政淸民和. 爲神祇之默佑. 山其助之歟. 其亦幸不幸也己. 山本澤物利人. 故仁者樂之. 稱人之休休有容. 則譬之山藪藏疾. 若其匿虎豹. 汏巔崖. 決湍瀑. 以害于人. 豈山之所欲哉. 人自不審耳. 今若推其澤物而廣之. 則茲山豈止爲兩邑利哉. 將舉一國而有餘裕矣. 余嘗造其亢. 竭目力而望. 則界漢水而揖神嵩. 頮嶺嶠而通鳥道. 攬貔墟而軼幽險. 其呈詭納奇. 非止爲兩邑之觀. 余仍憑虛玩理. 默有悟焉. 昔孔子登東山而小魯. 登泰山而小天下. 豈眞魯與天下小哉. 夫子之道. 至大至高. 範圍天地. 而不遺萬物. 故推類而放之. 其亦有契於聖心者矣. 今夫關和至微也. 而一國取以施法律度極眇也. 而天下取以正制. 物之所在. 理亦付焉. 在人窮格之如何耳. 若使世之執國政司民命者. 存心澤物. 覽茲山而取則焉. 則庶幾有得乎致理. 取山之尊重端嚴. 而修飭其威儀. 取山之匿瑕藏垢. 而恢弘其器量. 取山之巋然爲邑鎮. 而正邦之綱. 取山之滲漉下注. 而膏沃田壤. 而厚民之産. 推茲以往. 則豈但得一國披其澤. 雖以至於平天下. 亦不外是矣. 然則茲山之不能博施. 而有偏誣之也. 吾不之信矣. 吾不之信矣.

출전: 朴宗永, 『松塢集』, 「迦葉山記」

2

계룡산기

鷄龍山記

강재항姜再恒

강재항(姜再恒, 1689~1756): 자는 구지(久之)이고 호는 입재(立齋)·뇌풍거사(雷風居士)이며, 본관은 진주이다. 윤증(尹拯)의 문인으로 약관의 나이에 과업을 버리고 학문에 깊이 침잠하였다. 학행으로 천거되어 선공감역(繕工監役)·회인현감(懷仁縣監)을 제수 받았다. 저서로는 『입재집(立齋集)』·『추원록(追遠錄)』·『동리평증(東吏評證)』이 전하며 윤광소(尹光紹)가 묘지명을 지었다.

해제解題

「계룡산3)기鷄龍山記」는 강재항姜再恒, 1689~1756이 계룡산을 오르면서 보았던 주변 경관들에 대해서 기록해 놓은 유산기이다. 최고봉인 황화봉黃華峰부터 시작하여 금선대金仙臺·설봉雪峯·오송대五松臺·연천봉連天峯, 그리고 사찰과 암자들에 대해서 기록되어 있다. 한편 계룡산은 조선 태조 임금이 도읍으로 정하고자 하였으나 북한산北漢山에 비해 지세가 좋지 못한 이유로 도읍이 되지 못했던 일도 기록되어 있다.

국역國譯

계룡산鷄龍山 최고봉은 황화봉黃華峰이다. 산줄기가 개태산開泰山에서 나왔는데, 서쪽으로는 이어지고 북쪽으로는 탁 트였으며, 동쪽으로는 서려 있고 남쪽으로는 웅크린 모습이다. 물줄기는 황화봉에서 발원하여 남동쪽으로 흘러 용연龍淵이 되고 만송萬松을 지나 서북쪽 신탄新灘에 이르러 금강錦江에 유입된다.

이 산은 지난날 우리 태조 강헌대왕康獻大王께서 천명을 받고 일찍이 이곳에 도읍을 정하려고 논의했었는데, 개울가의 석축과 궁궐을 지으려던 터에는 초석礎石이 지금도 남아 있다. 그러나 이 산은 남북의 요충지에 위치하지만 지세가 한쪽으로 치우치고 조운漕運이 널리 통하지 못하니, 어

---

3) 계룡산(鷄龍山): 우리나라 4대 명산의 하나이며 높이는 845m이다. 차령산맥 서남부에 있으며 금강에 의한 침식으로 이루어졌다. 산세가 험하며, 노성천·구곡천·갑천 등이 발원하여 금강으로 흘러든다. 주봉인 천황봉을 비롯하여 연천봉·삼불봉·관음봉·형제봉 등 20여 개의 봉우리들이 남북방향으로 이어지다가 동쪽으로 2줄기, 서쪽으로 1줄기를 뻗치고 있는데, 전체 모습이 닭 볏을 쓴 용과 같다고 하여 계룡산이라 했다.

찌 북한산北漢山이 임진강臨津江을 뒤로하고 한강을 바라보며 나라 중앙에 위치하여 사방에서 세금을 바칠 때 거리가 균등하고 운반이 편리한 것과 같겠는가. 이는 거의 하늘이 임금의 마음을 열어주시어 자손만대의 변치 않을 기틀을 만든 것이리라.

황하봉 서쪽은 금선대金仙臺이고, 금선대 북쪽은 뭇 봉우리가 화살촉같이 치솟아 있는데 바위가 모두 흰색이어서 설봉雪峯이라고 한다. 설봉 동쪽에 오송대五松臺가 있는데 그곳의 소나무는 고려시대 나옹화상懶翁和尙이 심은 것이라고 하며, 설봉 서쪽으로 사련봉四連峯·연천봉連天峯이 있는데, 이중 오송대가 가장 빼어나다. 사찰과 암자로는 마명암馬鳴菴·귀명암歸命菴·상원암上院菴·북사자암北獅子菴·상초암上草菴을 비롯해 군장사軍藏寺·신원사新院寺·동학사東鶴寺·갑사押寺 등이 있다. 이중 승장僧將 영규靈圭[4]의 갑옷과 투구를 보관하고 있는, 동학사가 가장 그윽한 곳에 자리하고 있다. 골짜기는 봉림동鳳林洞이고 산은 아홉 봉우리인데, 모두 볼만하다. 금대金臺에 올라 백마강白馬江을 바라보니 구불구불한 강줄기가 숨었다 드러났다 하면서 부여扶餘를 지나 서쪽으로 흘러 바다에 유입되고, 바다 가운데 전횡도田橫島를 손가락으로 가리킬 수 있었다.

원문原文

鷄龍山之巓曰黃華. 其山自開泰. 西走北坼. 東盤南踞. 而水自黃華. 南

---

4) 영규(靈圭, 미상~1592): 임진왜란 때 승병장(僧兵將)으로, 성은 박씨(朴氏)이고 본관은 밀양(密陽)이며, 호는 기허(騎虛)이다. 계룡산 갑사에서 출가한 뒤 서산대사(西山大師) 휴정(休靜)의 제자가 되었다. 임진왜란 당시 의병장 조헌(趙憲)과 함께 청주성을 탈환했으며, 제2차 금산 전투에서 전사하였다. 승병장 휴정과 유정(惟政), 영규의 공을 기리기 위해 1738년(영조 14) 세운 공주 갑사(甲寺) 표충원(表忠院)은 1984년 충청남도 문화재자료 제52호로 지정되었다.

東流爲龍淵. 過萬松. 西北至于新灘. 入于錦江. 昔我太祖康獻大王旣受
命. 嘗議定鼎于此. 溪邊石築. 暨經營宮室之址. 礎石猶有存焉. 然此山
據南北衝要之地. 地勢偏而漕運未廣. 豈如漢山背臨津向漢水. 處得地中.
而四方貢獻. 道里均而委輸便也. 此殆天啓聖衷. 爲子孫萬世不拔之基也
歟. 黃華之西曰金仙臺. 臺北衆峯鏃立. 石皆白色. 故曰雪峯. 峯之東曰五
松臺. 高麗僧懶翁所種云. 峯之西曰四連連天. 而五松最勝. 佛寺則曰馬
鳴歸命上院北獅子上草菴. 軍藏新院東鶴押寺. 有僧將靈圭鐵衣兜鍪. 而
東鶴最幽. 洞之爲鳳林. 山之爲九峯. 皆可觀. 而登金臺. 望白馬江. 縈
紆隱現. 過扶餘. 西入于海. 而海中田橫島. 因可指點云.

출전: 姜再恒, 『立齋集』, 「鷄龍山記」

3

사군산수기

四郡山水記

서응순 徐應淳

서응순(徐應淳, 1824~1880): 자는 여심(汝心), 호는 경당(絅堂), 본관은 달성(達城)이다. 달성부원군(達城府院君) 종제(宗悌)의 후손이다. 유신환(兪莘煥)의 문하에서 심기택(沈琦澤) · 민태호(閔台鎬) · 김윤식(金允植) 등과 함께 수학하였다. 1870년 음보(蔭補)로 선공감감역(繕工監監役) · 군자감봉사(軍資監奉事) · 영춘현감(永春縣監)을 역임하고, 간성군수(杆城郡守)로 부임하여 임지에서 죽었다. 이이(李珥)를 숭모하여 학행을 닦았고 경서와 성리학을 깊이 연구하였으며, 특히 『대학(大學)』과 『중용(中庸)』에 주력하였다. 또한, 「정전론(井田論)」을 지어 전제의 개선에 관한 의견을 내놓았으며, 간성군수가 되어서는 성긴 베옷을 입고 4월에는 보리밥으로 백성과 생활을 같이하는 등의 선정을 베풀었다. 저서로는 『경당유고(絅堂遺稿)』 4권 2책이 있다.

해제解題

　　「사군산수기四郡山水記」는 서응순徐應淳, 1824~1880이 단양·영춘·제천 등의 북벽北壁·도담삼봉島潭三峯·사인암舍人巖·삼선암三仙巖·옥순봉玉筍峯 등을 유람하고 남긴 산수기이다. 작자는 북벽北壁·도담삼봉島潭三峯·사인암舍人巖·삼선암三仙巖·옥순봉玉筍峯 등을 중심으로 그 주변 명소들의 위치·모습·그에 얽힌 이야기들도 함께 기록으로 남겨 놓았다.

국역國譯

　　북벽北壁은 영춘현永春縣 북쪽에 있는데, 배를 타고서 이를 수 있는 강의 동남쪽 언덕이다. 제명석題名石 한 면은 그림을 그릴 만하고 제명석 위로 가파른 봉우리가 많으며, 뾰족한 봉우리들이 우뚝하여 볼 만하다. 남굴南窟은 현 남쪽에 있는데, 산 아래에 큰 굴이 하나 뚫려 있다. 한여름에도 떨릴 정도로 차고 물줄기가 굴 안까지 흘러 시내를 만들었다. 현감이 들어가면, 작은 배를 조종하여 횃불을 들고 다니며 북을 치고 피리를 불어 굴속이 시끄러웠다고 한다. 어떤 사람은 나무꾼이 굴을 따라 남쪽으로 몇 리를 가서 커다란 못을 만났는데, 그 깊이를 헤아릴 수 없어 아마도 그 속에 음수陰獸가 엎드려 있을 것 같아 벌벌 떨다가 곧바로 돌아왔다고 하고, 어떤 이는 산 남쪽 발치에도 굴이 있고 굴속에 용추龍湫가 있는데, 날씨가 가물면 현감이 여기에서 기도를 한다고 한다. 이른바 못을 만나 되돌아간 것이 용추의 북쪽이라는 것이다.

　　도담島潭은 단양강丹陽江에 있다. 하덕천下德泉에서 배를 타고 내려가면 못

가운데 세 봉우리가 있는데 강 북쪽 벼랑인 숭산崇山을 바라볼 수 있다. 암벽이 높고 험하며 소나무가 바위 사이에 무더기로 자라는데 셀 수 없이 많다. 벼랑을 따라 서쪽으로 가면 석문이 있는데, 바라보면 우뚝 허공에 솟아 있으니 고개의 관문이다. 그 문은 모나고 크며 문설주가 무지개 같고 가로세로로 몇 길의 깃발을 수용할 수 있다. 문의 아래로는 서쪽에 굴이 있고 굴속에 큰 돌이 있는데, 돌이 평평하여 마치 탁자 같이 생겼고 그 위에 밭두둑 같은 무늬가 있으며, 그 위에 물이 줄줄 흐르니 이름하여 '신선전神仙田'이다. 은주암隱舟巖에서 배를 띄워 못에 닿으면 강물이 빙빙 돌며 소용돌이를 이루었는데, 삼봉은 그 위에 버티고 있으니 마치 작은 섬 같다. 배로 세 섬 사이를 거슬러 올라갔다가 떠났다.

사인암舍人巖은 단양군丹陽郡 남쪽 20리에 있다. 우 역동禹易東5)이 사인舍人6) 벼슬을 할 때, 여기서 노닐었다고 한다. 바위 앞에 흰 돌과 맑은 시내가 있는데, 씻고 마실 만하였다. 시내 아래위로 커다란 석벽이 많지만, 사인암이 똑바로 하늘을 찌를 듯이 우뚝 솟아 있는데, 위에서 아래까지 먹줄을 바로잡고 깎은 듯하여 참으로 뛰어나게 기이하고 특별히 빼어난 장관이다. 바위 사이에 "먹줄 곧게 수평 잡아[繩直準平]7)/옥빛에다 쇳소리라[玉

---

5) 우 역동(禹易東): 역동(易東)은 우탁(禹倬, 1263~1342)의 호이다. 자는 천장(天章)·탁보(卓甫·卓夫), 호는 백운(白雲)·단암(丹巖), 본관은 단양(丹陽)이다. 역동 선생(易東先生)이라고도 한다. 1278년(충렬왕 4) 향공진사(鄕貢進士)가 되었다. 과거에 급제하여 영해사록(寧海司錄)으로 부임했을 때 영해 지방의 사람들이 팔령신(八鈴神)을 극진히 섬기는 등 폐해가 심하자 신사를 철폐했다. 1308년(충선왕 즉위) 감찰규정(監察糾正)으로 있을 때 충선왕이 부왕의 후궁인 숙창원비(淑昌院妃)와 밀통하자 죽음을 무릅쓰고 극간했다. 그 뒤 관직에서 물러나 향리인 예안에서 학문에 전념했으나 충숙왕이 여러 차례 부르자 다시 벼슬길에 올라 성균좨주(成均祭酒)로 치사했다. 저서로 『상현록(尙賢錄)』이 있다. 예안 역동서원(易東書院), 안동 구계서원(龜溪書院) 등에 제향되었다. 시호는 문희(文僖)이다.
6) 사인(舍人): 중서문하성(中書門下省)과 합문(閤門)·동궁관(東宮官)·제비주부(諸妃主府)에 설치되었다. 품계와 정원은 관부에 따라 다르다.
7) '승직준평(繩直準平)': 주자의 「이천선생화상찬(伊川先生畫像贊)」의 제2구이다.

色金聲]⁸⁾/우러르매 더욱 높아[仰之彌高]⁹⁾/우뚝하기 짝이 없네[嵬¹⁰⁾乎無名]¹¹⁾"¹²⁾라고 새겨 놓았고, 그 아래에 "윤지胤之¹³⁾·정부定夫¹⁴⁾·원령元靈¹⁵⁾이 찬하다[胤之定夫元靈贊]."¹⁶⁾라고 제명하였다. 네 군의 산수에는 대체로 단릉丹陵과 능호凌壺의 유적이 많다

삼선암三仙巖은 사인암에서 서쪽으로 15리에 있다. 가칠산嘉七山에서 시내

8) '옥색금성(玉色金聲)': 주자의 「명도선생화상찬(明道先生畵像贊)」의 제2구이다.

9) '앙지미고(仰之彌高)': 『논어(論語)』 「자한(子罕)」에서 안연(顏淵)이 스승 공자(孔子)의 덕을 찬미하여 한 말이다.

10) 석벽에는 '魏'로 되어 있다.

11) '위호무명(巍乎無名)': 『논어』 「태백」에서 요임금의 위대한 덕을 칭송한 말이다.

12) "먹줄……없네": 정민, 「사인암과 이인상(李麟祥) 이윤영(李胤永)의 제각(題刻)」에서 인용하였다. 성현의 덕을 찬양한 표현에서 한 구절씩 집구하여 사인암을 우뚝한 군자나 위대한 성인에 견준 것으로 보인다.

13) 윤지(胤之): 이윤영(李胤永, 1714~1759)의 자이다. 호는 단릉(丹陵)·담화재(澹華齋), 본관은 한산(韓山)이다. 목은(牧隱) 이색(李穡)의 14대손이자 단양부사(丹陽府使) 이기중(李箕重)의 아들로, 조선 후기의 문인화가로 서울 서대문 밖 반송지(盤松池) 부근에 살았다. 그러면서 연못가에 정자를 짓고 사인(士人) 오찬(吳瓚)·김상묵(金尙默)·이인상(李麟祥) 등과 더불어 문회를 열어 교유하면서, 벼슬길에 나아가지 않은 채 고기(古器) 수집과 전각, 산수 등에 심취하며 지냈으며, 말년에는 아버지가 부임했던 단양의 구담에 우화정(羽化亭)을 짓고 은거하였다. 시·서·화에 뛰어났었는데, 글씨는 예서와 전서에 능하여 이인상의 그림에 화제를 많이 썼으며, 그림은 이인상과 매우 유사했으나, 필치가 좀 더 부드럽고 온화한 분위기를 보였다. 유작으로 「청호녹음도(淸湖綠陰圖)」와 「경송초루도(經松草樓圖)」와 같은 전형적인 문인화풍의 그림과 「삼척능파대(三陟凌波臺)」·「고란사도(皋蘭寺圖)」와 같이 실경을 남종화풍(南宗畵風)으로 그린 것이 있다. 저서는 『단릉집(丹陵集)』과 『단릉유고(丹陵遺稿)』가 전한다.

14) 정부(定夫): 김종수(金鍾秀, 1728~1799)의 자이다. 호는 진솔(眞率)·몽오(夢梧), 본관은 청풍(淸風)이다. 1768년(영조 44) 식년 문과에 급제해 예조정랑(禮曹正郎)·부수찬(副修撰)을 지내고, 왕세손 필선(弼善)으로 성실히 보좌하였다. 1772년 영조에 의해 조정(趙晸)·김치인(金致仁)·정존겸(鄭存謙)·이명식(李命植) 등과 함께 지도자로 지목되어 경상도 기장현의 금갑도(金甲島)로 유배되었다가 다음 해 방면되었다. 영의정(領議政)·좌의정(左議政)을 거쳐 순조 때 관작이 추탈되었다가 곧 회복되었다. 1802년(순조 2)에 유언호(俞彦鎬)와 함께 정조묘에 배향되었다. 임성주(任聖周)·윤시동(尹蓍東)·김상묵(金尙默) 등과 친하게 교유했으며, 어려서부터 경술(經術)로써 일세를 풍미했다 한다. 정조는 윤시동·채제공(蔡濟恭)과 더불어 3인을 자신의 의리를 조제하는 탕평의 기둥으로 지적하였다. 「문신강제절목(文臣講製節目)」을 지어 올렸으며, 저서로는 『몽오집(夢梧集)』이 있다.

15) 원령(元靈): 이인상(李麟祥, 1810~1860)의 자이다. 호는 능호(凌壺)·보산자(寶山子), 본관은 전주(全州)이다. 1735년(영조 11) 진사시에 합격, 북부참봉(北部參奉)을 거쳐 음죽현감(陰竹縣監)이 되었으나 뒤에 관찰사(觀察使)와의 불화로 사직하고 단양(丹陽)의 구담(龜潭)에서 지냈다. 시·서·화에 능해 삼절(三絶)이라 했고, 그림에는 산수(山水), 글씨에는 전서(篆書)에 뛰어났으며, 인장(印章)도 잘 새겼다. 저서에 『능호집(凌壺集)』, 그림에 「설송도(雪松圖)」·「노송도(老松圖)」·「산수도(山水圖)」·「옥류동도(玉流洞圖)」·「검선도(劍仙圖)」·「송석도(松石圖)」·「송하관폭도(松下觀瀑圖)」·「한림수석도(寒林秀石圖)」 등이 있고, 글씨에 「대사성김식표(大司成金湜表)」가 전한다.

16) 윤지……찬하다: 석벽에는 '신미년(1751) 봄에 윤지·정부·원령이 찬하다.[辛未春胤之定夫元靈撰]'라고 새겨져 있는데, 원문의 '贊'은 '撰'의 잘못으로 보인다.

를 따라 올라가다가 작은 고개를 넘어 골짜기 하나를 만났는데, 넓고도 탁 트였으며 골짜기 전체가 다 반석이었다. 맑은 물이 재빨리 흐르고 큰 바위가 왕왕 그 물살에 맞서 우레 같은 큰 소리가 울리며 눈 같은 물보라를 흩뿌리니, 이것이 중선암中仙巖인데, 상선암과 하선암보다 훌륭했다. 삼선암은 모두 큰 바위가 시냇가에 솟아 있어서 바위로써 이름을 지었다. 하선암에는 바위 사이에 '명소단조明紹丹竈17)'라고 새겨 놓았는데, 또한 단릉의 유적이라고 한다. 구담龜潭은 단양 남쪽 장호長湖 아래에 있다. 못 위의 봉우리가 우람하고 깎은 듯이 솟아 있는데, 마치 칼과 창을 빽빽이 세워 놓은 듯 갖가지 형상이 기이하였다. 배를 저어 처음에 텅 빈 동굴로 들어왔지만, 점점 아래로 내려갈수록 활짝 열려 마치 천문만호千門萬戶를 활짝 열어젖힌 듯하고, 못 가운데에 봉우리가 비쳐 꿈틀거리며 움직이는 듯하니 또한 볼만하였다.

옥순봉玉筍峯은 구담 아래에 있다. 바위 무더기가 마치 대모玳瑁18)로 만든 비녀를 꽂은 상투처럼 깨끗하지만, 구담 너머로 기이하게 솟아올라 구름 속에 잠겨 있어 바라보면 어렴풋하다. 그 서쪽에 창하정蒼霞亭 터가 있는데, 단릉공이 단양을 다스릴 때 지은 것이다. 또 그 서쪽에 석벽이 있는데, 퇴계 선생이 쓴 '단구동丹丘洞'이라는 문자가 새겨져 있다. 한벽루寒碧樓는 청풍관清風館의 동루東樓이다. 앞에 맑은 강이 있고 맞은 편 기슭에 금병산錦屏山이 있는데, 수려하여 아낄 만하다. 한벽루 서쪽은 명월정明月亭이다. 의림지義林池는 제천堤川 북쪽에 있는데 둘레가 5리 남짓하고 부들과 금붕어를 기르고 있다. 의림지 서쪽에 둑을 막아 놓았는데, 그 아래에 용추가 있다. 예로부터 정인지가 이것을 쌓았다고 전해지는데, 둑 아래에는 쇠솥

---

17) 명소단조(明紹丹竈): 이명, 이소 형제가 선약을 구운 부엌이라는 뜻으로, 형제가 이 부근에 명소정(明紹亭)을 짓고 노닐었다는 얘기가 있으나, 자세히 전하지 않는다.
18) 대모(玳瑁): 바다거북의 하나인 대모(玳瑁)의 등과 배를 싸고 있는 껍데기로 공예품을 만드는 데 쓰인다.

을 설치하여 물이 보이지 않게 밭과 넓은 들판으로 들어가도록 해서 못 속의 물이 가물어도 마르지 않고, 홍수가 나도 넘치지 않는다고 한다.

원문原文

北壁在永春縣北. 舟而至焉. 江之東南岸也. 題名石一面可畫. 題名石以上. 多峭峯巉壁偉然. 可觀. 南窟在縣南. 山之下. 呀然一大穴也. 盛夏凜寒. 而水流窟中爲溪. 縣官入則操小舟炬而行. 張鼓吹. 轟噪其中云. 或曰有樵者. 循窟而南行數里. 遇巨淵. 不可測其深. 疑有陰獸伏其中. 懼而亟反. 或曰山之南足亦有窟. 窟之中. 龍湫也天旱則縣官禱焉. 所云遇淵而反者龍湫之北也. 島潭在丹陽江. 自下德泉. 乘舟而下. 潭中三峯. 可望江之北崖崇山也. 巖壁峻巉. 而海松叢生石間. 不可勝數. 循崖而西. 有石門焉. 望之在天半. 蓋嶺之關也. 其門方而大. 而楣楔如虹. 橫縱可容數丈旗. 門之下. 西有窟. 窟中有巨石. 石平如几案. 其上有紋. 若畦塍. 而水流其上濺濺焉. 名曰神仙田. 由隱舟巖. 縱舟至潭. 江流盤旋爲渦. 而三峯者據其上. 若小島然. 舟溯洄三島之間而後去. 舍人巖在丹陽郡南二十里. 禹易東舍人時. 相羊于玆云. 巖前有白石清溪. 可濯可飮. 溪上下多魁壁. 而舍人巖直峻拔冲霄. 自項及趾. 若督繩加削焉. 眞瑰瑋奇特殊絶壯觀也. 巖間刻曰. 繩直準平玉色金聲仰之彌高嵬乎無名. 下題曰. 胤之定夫元靈贊. 四郡山水. 大抵多丹陵凌壺遺跡. 三仙巖在舍人西十五里. 自嘉七山. 緣溪而上. 踰小嶺. 得一洞. 宏而拓. 彌谷皆盤石也. 其水清而駛. 而鉅石往往當其流. 雷谹而雪噴. 是爲中仙巖. 上仙下仙抑其亞也. 三仙皆有鉅石臨溪. 故以巖名. 下仙巖石間刻明紹丹竈. 亦

丹陵遺跡云. 龜潭在丹陽南長湖下. 潭上峯巒雄偉峭刻. 如釖戟森立. 詭奇千狀. 舟初入空洞. 然漸下谽焉. 如闢千門萬戶. 而潭中峯影. 蜿蜒如動. 又可觀也. 玉筍峯在龜潭下. 簇矗如束玟瑁簪晶朗. 過龜潭而奇拔入雲. 望之縹緲然. 其西有蒼霞亭址. 丹陵公爲丹陽時築也. 又其西石壁. 刻退溪先生丹丘洞門字. 寒碧樓淸風館之東樓也. 前臨澄江. 而錦屛山在其對岸. 秀麗可愛. 樓西明月亭. 義林池在堤川北. 周遭可五里. 産銀蓴金鯽. 池之西爲之堰. 有龍湫在其下. 舊傳以爲鄭麟趾築此. 堰置鐵釜其下. 令水伏行漑田且萬頃. 而池中之水旱不乾水不溢云.

출전: 徐應淳, 『絅堂集』, 「四郡山水記」

4

유속리산기

遊俗離山記

이현익李顯益

이현익(李顯益, 1678~1717): 자는 중겸(仲謙)이고 호는 정암(正庵)이며 본관은 전주(全州)이다. 김창협(金昌協)의 문인이며 권상하(權尙夏)·김창흡(金昌翕)에게 배웠다. 1708년 생원시에 합격하였으나, 벼슬을 단념하고 학문에만 전념하였다. 1710년 학행(學行)으로 천거되어 참봉(參奉)이 되고, 왕자사부(王子師傅)·현감(縣監) 등을 역임하였다. 저서에 『정암집(正庵集)』·『정암잡기(正庵雜記)』가 있다.

해제解題

「유속리산기遊俗離山記」는 이현익李顯益, 1678~1717이 병술년1706, 숙종 32 9월 16일 옥천에서 출발하여 화양동華陽洞·선유동仙遊洞·송림사松林寺·사담沙潭·법주사法住寺·수정봉水晶峯·운장봉雲藏峯·길상암吉祥菴·복천사福泉寺·상현서원象賢書院 등 속리산과 그 주변을 둘러보고 23일 다시 옥천으로 돌아온 것을 기록한 것이다. 속리산을 향해 가면서 들렀던 곳에서 느꼈던 감회나 깨우침, 그리고 세상에 대한 안타까움도 함께 기록되어 있으며, 면벽수행하고 있는 승려에게 유가와 불가의 차이점을 말하면서 한 가지 깨달음을 준 대화내용도 기록되어 있다. 유산기 말미에는 세상 사람들이 명성과 욕심에 빠져서 산수에 대한 진정한 의미를 알지 못해 안타까워하면서 산을 단순히 눈으로 살피는 것이 아니라 마음으로 살펴야 한다면서 끝을 맺었다.

국역國譯

병술년1706, 숙종 32 봄에 나는 아버지가 근무하시던 옥천沃川에 있었다. 옥천은 속리산과 거리가 백 리도 채 되지 않아, 한가한 날을 잡아 유람하리라 생각했으나 눈병이 나서 실행하지 못했다. 가을 9월에 눈병이 비로소 나아서 16일에 출발해 화인진化仁津[19]을 건너 보은報恩 둔덕촌屯德村에서 묵었다.

아침에 길을 떠나 보은 관아에 이르니 현감 권욱權煜[20] 형이 막 속리산

---

19) 화인진(化仁津): 충청북도 옥천군의 안내면에 있는 안내천(安內川)을 말하는데 조선 시대에는 주로 화인진(化仁津)이란 지명이 통용되었다. 1980년 대청댐 완공으로 화인진이 수몰되었다.

20) 권욱(權煜, 1658~1717): 자는 유회(幼晦)이고 호는 초당(草堂)이며 본관은 안동(安東)이다. 1681년(숙종 7) 진사

을 유람하고 돌아와서 단풍이 벌써 시드니 빨리 들어가는 게 낫겠다고 하기에, 내가 "먼 곳을 갈 때는 가까운 곳에서 시작하는 것이 비록 도道에 입문하는 법이 되지만, 산 구경을 나중에 하고 물 구경을 먼저 하는 것이 지智와 인仁의 차례를 얻는 것이니, 나는 속리산 구경을 잠시 제쳐두고 먼저 화양동華陽洞을 찾아가고 싶습니다."라고 하고는, 곧장 청주의 청천青川을 향해 갔다. 청천에 화양서원이 있었고, 오로지 우암尤菴[21]만 향사하는 데 화상을 두었으며 농암農巖[22] 김 어른이 화상찬畵像贊을 지었다.

청천을 지나 북쪽으로 20리를 가서 화양동에 들어가니, 깊고 너르며 그윽하고 기이한데, 우러러볼 만한 푸른 절벽, 앉을 만한 반석, 즐길 만한 세찬 여울과 헤엄칠 만한 맑은 못이 곳곳마다 모두 그러하니 참으로 속세를 멀리한 경치였다. 그곳에 우옹의 서실이 있고 화상을 두었는데 황강黃江[23] 권 어른이 화상찬을 지었다.

가 되었으며, 1704년(숙종 30) 보은현감(報恩縣監), 1714년(숙종 39) 단양군수(丹陽郡守), 1716년(숙종 42) 선산부사(善山府使)에 이르렀다. 청백리로 유명하였다. 이조참판(吏曹參判)에 증직되었다.

21) 우암(尤菴): 우암은 송시열(宋時烈, 1607~1689)의 호이다. 아명은 성뢰(聖賚)이고 자는 영보(英甫)이며 본관은 은진(恩津)이다. 저서에 『송자대전(宋子大全)』·『우암집(尤庵集)』·『송서습유(宋書拾遺)』·『주자대전차의(朱子大全箚疑)』·『정서분류(程書分類)』·『주자어류소분(朱子語類小分)』·『논맹문의통고(論孟問義通攷)』·『심경석의(心經釋義)』·『사계선생행장(沙溪先生行狀)』 등이 있다. 문묘(文廟)·효종묘(孝宗廟)를 비롯하여 청주의 화양서원(華陽書院), 여주의 대로사(大老祠), 수원의 매곡서원(梅谷書院) 등 전국 각지의 많은 서원에 배향되었고 시호는 문정(文正)이다.

22) 농암(農巖): 농암은 김창협(金昌協, 1651~1708)의 호이다. 자는 중화(仲和)이고 호는 농암(農巖)·삼주(三洲)이며 본관은 안동이다. 좌의정(左議政) 상헌(尙憲)의 증손자이다. 1669년(현종 10) 진사시에 합격하고, 1682년(숙종 8) 증광문과에 전시장원으로 급제하여 전적(典籍)에 출사하였다. 명에 의해 송시열(宋時烈)의 『주자대전차의(朱子大全箚疑)』를 교정하였다. 저서로는 『농암집(農巖集)』·『주자대전차의문목(朱子大全箚疑問目)』·『논어상설(論語詳說)』·『오자수언(五子粹言)』·『이가시선(二家詩選)』 등이 있고, 편저로는 『강도충렬록(江都忠烈錄)』·『문곡연보(文谷年譜)』 등이 있다. 숙종의 묘정에 배향되었으며, 양주의 석실서원(石室書院), 영암의 녹동서원(鹿洞書院)에 제향되었다. 시호는 문간(文簡)이다.

23) 황강(黃江): 황강은 권상하(權尙夏, 1641~1721)를 말한다. 자는 치도(致道)이고 호는 수암(遂菴)·한수재(寒水齋)이며 본관은 안동이다. 송준길(宋浚吉)·송시열(宋時烈)의 문인이다. 1689년(숙종15) 송시열이 사사(賜死)될 때 신종과 의종의 사당을 세워 제사 지낼 것을 그의 제자인 권상하(權尙夏)에게 유언을 남겼고, 권상하는 이에 따라 1703년 민정중(閔鼎重)·정호(鄭澔)·이선직(李先稷)과 함께 부근 유생들의 협력을 얻어 만동묘를 창건하고 신종과 의종의 신위를 봉안하여 제사를 지냈다. 문집에 『한수재집(寒水齋集)』·『삼서집의(三書輯疑)』 등이 있고 청풍의 황강서원(黃江書院) 등 10여 곳에 제향되었으며, 시호는 문순(文純)이다.

그 남쪽 기슭에 명나라 신종神宗과 숭정황제崇禎皇帝의 사당이 있어 '만동萬東'이라고 하였는데 이것은 작년에 권 어른이 상강湘江 순임금의 사당과 성도成都 소열묘昭烈廟[24]의 예와 여러 선생의 논의에 근거하여 조정에 사당을 지을 것을 아뢰고, "모든 물은 반드시 동쪽으로 간다."[25]는 뜻을 취해서 이름 지은 것이다. 곁에 있는 석벽에 숭정황제가 쓴 "비례부동非禮不動"이란 넉 자를 새겨놓았다. 이는 상신相臣 민정중閔鼎重[26]이 연경에 들어 갔을 때에 황제가 직접 쓴 글을 구했는데, 어떤 사람이 어필御筆을 가지고 와서 주기에 민 재상이 즉시 주머니를 털어 사례하자 그 사람이 공의 뜻을 알고 돈을 받지 않고 가버렸다. 민 재상이 받들고 돌아오자, 우암이 이 바위에 본떠서 새겼다고 한다. 시내 동쪽에 '환장煥章'[27]이라는 작은 사찰을 세워서 진본眞本을 남겨두어 승려가 간직하고 있었는데, 우암의 발문跋文과 문곡文谷[28]의 시, 또 '황명정축皇明丁丑'이란 연도 표시가 있었다.

내가 화양동에 갓 들어왔을 때에는 수석에 매료되었다가, 서실에 도착해서는 또한 선배의 유적에 감격했으며, 두 황제의 사당에 참배하고는 바

24) 소열묘(昭烈廟): 소열묘는 유비(劉備)를 모신 묘(廟)인데, 중국 남북조시대 진(晉) 나라 때 지금의 사천성(四川省) 성도(成都, 청두) 남쪽에 세운 사당인 제갈량(諸葛亮)을 모신 무후사(武侯祠)로 명(明)나라 초에 통합하였으니, 중국 유일의 군신을 함께 모신 묘이다.

25) 모든 물은 반드시 동쪽으로 간다: 만동(萬東)은 만절필동(萬折必東)의 준말로 "만절필동(萬折必東), 조종우해(朝宗于海)"에서 따온 말이다. 이는 중국의 강물이 모두 동쪽을 향하면서 바다로 흘러들어 간다는 뜻을 비유적으로 표현한 것이다. 즉, 중국의 문화문명이 조선에 영향을 준다는 의미를 담고 있다고 한다.

26) 민정중(閔鼎重, 1628~1692): 자는 대수(大受)이고 호는 노봉(老峯)이며 본관은 여흥(驪興)이다. 1649년(인조 27) 정시문과에 장원, 호남어사(湖南御史)를 지낸 뒤 대사헌(大司憲)을 거쳐 이조(吏曹)·공조(工曹)·호조(戶曹)·형조(刑曹) 판서(判書)를 역임하였다. 효종 묘정(廟庭), 양주의 석실서원(石室書院) 등에 배향되었다. 저서에 『노봉문집(老峯文集)』·『노봉연중설화(老峯筵中說話)』·『임진유문(壬辰遺聞)』이 있고, 시호는 문충(文忠)이다.

27) 환장사(煥章寺): 충청북도 괴산군 청천면 초량리 환희산(歡喜山)에 있는 절로서 송시열(宋時烈)이 효종의 북벌계획에 호응하여 700명의 무사들을 양성하던 곳에 1655년(효종 6) 혜일선사(慧日禪師)가 절을 창건하여 환장사(煥章寺)라 하였다. 환장(煥章)은 중국의 유명한 유림의 결성장소이며, 절 이름을 환장사라 한 것은 송시열의 뜻에 따른 것이다.

28) 문곡(文谷): 김수항(金壽恒, 1629~1689)의 호이다. 자는 구지(久之)이고 본관은 안동이며 상헌(尚憲)의 손자이다. 23세에 알성문과(謁聖文科)에도 장원했으며, 28세에 중시에 급제하여 통정(通政)에 올랐다. 그 뒤에 영의정(領議政)이 되었다. 1689년(숙종 15) 기사번국(己巳翻局)으로 진도(珍島)로 귀양 갔다가 거기서 사사되었다. 문집에 『문곡집(文谷集)』이 있고 시호는 문충(文忠)이다.

위에 새긴 글을 어루만지고 황력皇曆29)을 넘기며 여러 글을 읽자니 비분강개하여 무릎 치고 탄식하며 "지금 온 세상이 뒤집혀서 일월도 어둑하고 천하에 한 뼘의 깨끗한 곳이 없는데, 이 화양의 골짜기만은 홀로 황명의 세계를 보존하였으니, 어째서인가? 또한 이 골짜기가 열린 것이 몇 해가 되었는지는 모르지만 우옹尤翁을 얻고서야 그 이름이 비로소 빛나기 시작했고, 이제 대명황제의 어필을 얻어서 그 일이 더욱 성대하고 빛나도다! 지금은 비록 세상에서 숨겨져 초동과 목객牧客만이 받들지만 후세에는 반드시 광명이 드러나 천하의 후손에게 이름나, 공자의 『춘추春秋』와 함께 행하여져 사라지지 않으리니, 이것이 어찌 산의 행불행일 뿐이겠는가. 또한 천하의 행불행이리라."라고 하면서, 이윽고 눈물을 줄줄 흘리며 어필御筆)을 손수 어루만지면서 승려를 돌아보고 "그대도 이것을 아낄 줄 아는가?"라고 물으니, 승려가 "세상 사람 어느 누구도 나만큼 이것을 아낄 이는 없을 것입니다."라고 대답하기에, 내가 "무슨 말인가?"라고 물으니, 승려가 "오늘날 사람은 단지 청나라만 있는 줄 알지 명나라가 있는 줄은 모릅니다. 과거에 급제하여 조정에 들어와서는 폐백을 손에 들고 북쪽 길을 가면서도 부끄러운 줄을 모르니, 어찌 소승과 같은 무리가 일생동안 이 산중에 있으면서 사당을 우러러 받들며 몸을 깨끗이 하고 의리를 품고서, 산 밖에서 벌어지는 흥망성쇠를 모르는 것만 하겠습니까?"라고 대답했다. 내가 이 말을 듣고, 나도 모르게 식은땀을 흘리며 부끄러운 마음으로 "지금 천하의 대의大義가 오직 산승山僧에게 있는가?"라고 사례하고, 절에서 묵었다.

다음날 파곶葩串에 오르니 수석이 지극히 아름답고 절경인데, 반석이 평평하고 넓으며 여울이 다투어 쏟아져서 한 점 티끌도 이르지 못하니, 세

---

29) 황력(皇曆): 옛날에 중국에서 보내오던 책력(冊曆)을 말한다.

속의 온갖 인연이 모조리 사라져서 한 걸음마다 한 번 앉으며 차마 떠나지 못하였다. 10여 리를 가서 선유동仙遊洞에 이르니, 수석이 또한 아름다워 아낄 만했고, 선유동 밖에 인가가 있었으며 5리를 더 가니 또 송면松面이란 마을이 나타났는데, 모두 살 만한 곳이었다. 낙영산落影山30) 20리를 넘어 송림사松林寺에 들렀다가 사담沙潭31)을 지났다. 사담은 절 아래 몇 리 떨어진 곳에 있는데, 자못 단정하고 묘하니 바로 나의 벗인 이재대李載大가 차지하여 집을 지으려고 하는 곳이다. 사담으로부터 10리를 가서 용화촌龍化村에 이르렀는데 곧 운장봉雲藏峯의 북쪽이니, 고개를 들어보니 그곳에 봉우리가 있었다. 이에 말에서 내려 북가치北迦峙를 넘고 20리를 걸어 법주사法住寺에 들어섰다. 곧 속리산의 큰 사찰이다.

법당은 매우 크고 화려하며 오층 누각이 하나, 이층 누각이 둘, 십자전각十字殿閣이 하나, 산형각傘形閣이 하나 있었다. 절 앞에는 철로 된 당간이 있는데 거의 사오 길이 될 듯하고 절 뒤에는 돌로 만든 수조(水槽)가 둘, 가마솥이 하나 있는데, 가마솥은 크기가 거의 한 칸이었다. 문 밖에 다리가 있고 다리 위에 두 비석이 있는데, 하나는 사적비로 우옹이 짓고 춘옹春翁32)이 썼다. 다른 하나는 승려 각성覺性의 비인데 정동명鄭東溟33)이 짓고 낭

---

30) 낙영산(落影山): 충청북도 괴산군 청천면에 있는 바위산으로 높이는 746m이다. 속리산을 조산으로 백악산(858m)과 도명산(643m), 화양계곡과 남쪽 용대천 사이에 있다. 산 이름은 신라 진평왕 때 당나라의 고조가 세수하기 위해 세숫물을 받아 들여다보니 아름다운 산의 모습이 비치자 이를 이상하게 여겨 신하를 불러 그림을 그리게 한 후 이 산을 찾도록 하였으나 나라 안에서 찾지 못하였다. 어느 날 동자승이 나타나 이 산은 동방 신라에 있다고 알려줘 신라까지 사신을 보내 찾아보았으나 신라에서도 찾지 못해 걱정하던 중 한 도승이 나타나 이 산의 위치를 알려주어 그 산을 찾아 낙영산이라 불렀다고 전해진다.

31) 사담(沙潭): 충청북도 괴산군 청천면에 있다. 속리산 국립공원에 속한 지역으로 빼어난 산세와 맑은 물로 경관이 수려하다. 흰 모래와 깊은 소가 있어서 사담(沙潭)이라는 명칭이 생겼다.

32) 춘옹(春翁): 송준길(宋浚吉; 1606~1672)을 말한다. 자는 명보(明甫)이고 호는 동춘당(同春堂)이며 본관은 은진(恩津)이다. 이이(李珥)·김장생(金長生)의 문인이다. 1659년 병조판서(兵曹判書)가 된 뒤 영의정에 추증되었다. 문묘를 비롯하여 공주 충현서원(忠顯書院) 등에 배향되었으며, 저서로는 『동춘당집(同春堂集)』과 『어록해(語錄解)』가 있고 시호는 문정(文正)이다.

33) 동명(東溟): 동명은 정두경(鄭斗卿, 1597~1673)의 호이다. 자는 군평(君平)이고, 본관은 온양(溫陽)이다. 이항복(李恒福)의 문인이다. 1629년 별시문과에 장원, 부수찬(副修撰)·정언(正言) 등을 역임하였다. 이조판서·대제

선군(朗善君34))이 썼다.

절 북쪽에 있는 수정봉(水晶峯)에 오르니 제법 높아서 운장봉과 천왕봉(天王峯) 등 여러 봉우리가 한눈에 들어왔다. 봉우리 위는 암석인데 100여 사람이 앉을 만하고, 그 모양이 마치 엎드린 거북이가 대가리를 쳐든 듯하였다. 옛날에 당나라 사람이 여기에 올랐는데, 중국의 재화가 다 동국으로 흘러들어 가는 것을 이 바위 때문이라고 여겨서 그 머리를 쳐서 베어버렸다고 한다.

법주사를 내려와 산호대(山護臺)를 지나 옥심상인(玉心上人)의 방에서 묵었다. 옥심이 나를 대접함이 매우 정성스러웠는데, 말을 나누니 제법 선법(禪法)을 알았고 밤새도록 염불하며 잠을 안 잤다. 나는 노곤해서 쓰러져 자려는데 옥심이 번번이 불러서 깨우며, "이렇듯이 잠이 많으니 언제 공부합니까?", 내가 고기 먹는 것을 보고는 "이처럼 고기를 먹으면 마음이 어찌 맑을 수 있으며 또한 어떻게 병들지 않겠습니까?"라고 말하니, 그 말이 놀랍고 사무쳤다.

다음 날 절에서 동쪽으로 10리를 가서 안팎의 석문을 지나 대암사(大嵓寺)에 도착하니, 절은 비어 승려가 한 명도 없고 다만 뜰에 가득한 국화만 보였다. 잠시 쉬었다가 운장봉(雲藏峯)에 올랐다. 산 아래에서는 단풍이 들 듯 말듯한데 여기에서는 모조리 말라 앙상하니, 산의 높이를 알만하다. 봉우리의 중대(中臺)에 이르러, 상대(上臺)에 오르려니 날씨가 좋지 않았다. 나무사다리를 당겨가며 올라가니 수십의 웅덩이에 흙물이 마른 흔적이 있었다. 바라보는 시야가 확 트여서 사면의 산천이 눈길에 들어오지 않는 것

학(大提學)에 추증되었다. 저서로는 『동명집(東溟集)』 26권이 있다.

34) 낭선군(朗善君): 낭선군은 이우(李俁, 1637~1693)의 군호이다. 자는 석경(碩卿), 호는 관란정(觀瀾亭), 본관은 전주(全州)이다. 왕실의 종친으로서 낭선군(朗善君)에 봉해졌다. 모든 서체를 다 잘 썼으며, 많은 비액(碑額)을 썼다. 글씨에 「법주사벽암대사비(法住寺碧巖大師碑)」, 「직지사사적비(直指寺事蹟碑)」 등이 있다. 시호는 효민(孝敏)이다.

이 없고, 희고 푸른빛이 서로 뒤섞여 구불구불거렸다. 그 중에서 분별할 수 있는 높은 봉우리가 동북쪽은 소백산小白山·월악산月岳山·조령鳥嶺이요, 서남쪽은 계룡산鷄龍·대둔산大屯山·적상산赤裳山이었다. 승려가 맑은 날에는 삼각산三角山도 간혹 보인다고 하였다.

잠시 뒤에 중대로 내려와 중사자암中獅子菴을 거쳐 상사자암(上獅子菴)에 도착했다가, 내산內山의 본찰本刹인 길상암吉祥菴으로 향했다. 동남쪽에 늘어선 여러 봉우리가 눈앞에 바로 있어서 팔에 닿을 듯한데, 어떤 것은 쳐들고 어떤 것은 숙여서 마치 옥과 같고 눈과 같아서 기이한 모양과 빛깔이 사람의 마음과 눈을 어지럽혀 무어라 말할 수 없으니, 이 산의 진면목과 본체가 된다. 여기에 보이는 풍광은 이곳에 이르러 더욱 절실하여 들어갈수록 더욱 묘하고 깊어질수록 더욱 맛이 있어서 비로소 깊이 나아가는 공부가 없어서는 안 된다는 것을 깨달았다. 고인古人은 독서가 산을 노니는것과 같다고 했는데, 산을 노니는것이 독서와 같고[35] 또한 구도求道와 같다고 할 만하다.

암자에는 수좌승首座僧 한 명이 면벽수행하고 있는데, 내가 수좌에게 어떤 화두話頭를 들었느냐고 물으니, "만법은 하나로 돌아가는데 그 하나는 어디로 돌아가는가라는 화두를 잡고 있습니다."라고 대답하였다. 내가 "화두를 드는 것은 이치를 궁구함이 마치 유가에서 궁리窮理하는 법과 같소? 아니면, 이 화두를 늘 입안에서 읊조리며 이 마음에 머물게 하여 밖으로 내치지 않는 것인데 마치 염주를 굴리는 것같이 할 뿐이어서 별다른 의미는 없는 것 같지 않소?"라고 하니, 승려가 "비록 생각만으로는 알 수 없는 것이지만, 어찌 이치가 없겠습니까?"라고 했다. 내가 "그대의 말

---

35) 독서가 산놀이……독서와 같고: 이황이 쓴 시 「독서여유산(讀書如遊山)」에 "독서를 남들은 산놀이와 같다는데 이제 보니 산놀이가 독서와 비슷하네[讀書人說遊山似 今見遊山似讀書]"라는 구절이 나온다.

은 잘못되었소. 화두로써 마음을 다잡을 뿐이지, 별다른 이치는 없을 것이오.”라고 하며, 곧이어 “이러한 화두를 들 때 마음이 어떤가?”라고 물으니, 승려가 “다만 깨달은 마음이 답답할 뿐입니다.”라고 하기에, 내가 “그렇군. 내가 본디 그대들이 이렇게 답답해 할 줄 알았소.”라고 대답하고, 곧바로 “그렇다면 그대는 하나가 돌아갈 곳을 깨닫지 못했군.”라고 물으니, “깨달음이 없습니다.”라고 하니, 내가 “내가 한마디 말을 내려서 그대의 의심을 깨어드리겠소. 만법이 하나로 돌아가면 하나는 만법으로 돌아갈 것일세.”라고 하니, 승려가 크게 놀라서 일어나 절하며 “선비께서 어떻게 하여서 이 경지까지 해탈하셨습니까?”라고 했다. 내가 그 말을 받아 유가의 주리主理와 불가의 주심主心의 차이, 돈오頓悟는 허상이요 실제로 얻은 도리가 아님을 자세히 말해 주니, 승려가 “지금 선비님의 말씀을 들으니, 가슴이 탁 트여 제 스승의 가르침을 듣는 것보다 낫습니다.”라고 하였는데, 그 스승은 풍담楓潭[36]이라고 하였다. 그러고 나서 함께 묵었는데, 밤이 깊어가자 큰 바람이 불어 언덕을 흔들고 골짜기를 들어 올릴 듯이 소리가 매우 거셌다.

아침에서 저녁까지도 전혀 맑아질 기미가 없어서 하루를 더 머물렀다가 복천사福泉寺로 내려오는데, 산허리 아래는 작은 바람만 불 뿐이었다. 동대東臺에 앉아서 여러 봉우리를 바라다보니, 서글퍼 탄식하며, “내가 세상일에 미련이 남아 속된 마음을 털어내지 못하여 산신령이 신령한 풍경을 여기저기 더럽힐까봐 일부러 가로막고 나아가지 못하게 하려는 것이 아니겠는가? 속된 객으로 저곳에 이른 자가 예부터 또한 많았을 텐데, 그

---

36) 풍담(楓潭): 풍담은 의심(義諶, 1592~1665)의 호이다. 성은 류씨(柳氏)이다. 14세에 출가하여 묘향산 성순(性淳)의 문하에서 시봉(侍奉)하다가 득도하여 구족계(具足戒)를 받았다. 언기(彦機)의 문하에서 선을 닦아 묘지(妙旨)를 깨치고 법맥을 이었다. 제자는 500명이 넘었고, 이름이 알려진 70명의 제자 중 정원(淨源)·설재(雪齋)·도안(道安)·명찰(明察)·자징(自澄)·도정(道正)·법징(法澄)·장륙(莊六) 등은 종지(宗旨)를 선양하여 각각 일파를 이루었다.

렇다면 그 사람의 행복이나 불행에 달린 것인가."라고 했다. 복천사에 내려오니 세조가 신미(信眉)[37]에게 준 서한이 있었는데 필획이 뚜렷했고, 김 괴애(金乖崖)[38]가 쓴 서문이 붙어 있었다. 법주사로 내려와 또 옥심상인의 방에서 묵었다.

다음 날에 산을 나서 20리를 걸었다. 회현(灰峴)을 넘어 김 충암(金冲菴)[39]·성 대곡(成大谷)[40] 등 제현을 향사하는 상현서원(象賢書院)[41]에 도착했다. 충암과 대곡은 일찍이 속리산 자락에 은거하였는데 그들이 살던 곳까지는 방문하지 못했지만, 서원 동쪽에 있는 수석이 제법 아름다웠다. 안읍창(安邑倉)[42]

---

37) 신미(信眉): 신미는 김수성(金守省, 생몰년 미상)의 법명으로 본관은 영동(永同)이다. 세조(世祖)가 매우 신임하여 왕위에 오르기 전부터 매사를 일일이 그에게 물어서 처리할 정도였다고 한다. 세조 즉위 후에는 왕사(王師)가 되었는데, 1458년(세조 4)에는 동생 김수온(金守溫)과 『월인석보(月印釋譜)』를 편찬하고 그 후에도 경전의 국역 사업에 참여하였다. 속리산 법주사(法住寺)에 신미의 부도(浮屠)가 있다. 사호(賜號)는 혜각존자(慧覺尊者)이다.

38) 괴애(乖崖): 괴애는 김수온(金守溫, 1409~1481)의 호이다. 자는 문량(文良)이고, 호는 괴애(乖崖)·식우(拭疣)이며 본관은 영동(永同)이다. 고승 신미(信眉)가 형이다. 1441년(세종 23) 문과에 급제하여 승문원 교리(承文院校理)로 집현전(集賢殿)에서 『의방유취(醫方類聚)』를 편찬했고, 부사직(副司直) 때 『석가보(釋迦譜)』를 증수했다. 1471년(성종 2)에 좌리공신(佐理功臣)에 영산부원군(永山府院君)이 되었고 영중추부사(領中樞府事)에 올랐다. 문집에 『식우집(拭疣集)』이 있다. 시호는 문평(文平)이다.

39) 충암(冲菴): 충암은 김정(金淨, 1486~1520년)의 호이다. 자는 원충(元沖)이고 호는 충암(冲菴)·손봉(孫峰)이며 본관은 경주(慶州)이다. 1507년 증광 문과에 장원으로 급제해 성균관전적(成均館典籍)에 보임되고, 수찬(修撰)·병조좌랑(兵曹佐郎)을 거쳐 정언(正言)으로 옮겨졌다. 사림세력을 중앙정계에 추천했으며, 조광조(趙光祖)의 정치적 성장을 뒤에서 도왔다. 1646년(인조 24) 영의정(領議政)에 추증되었다. 저서로는 『충암집(沖菴集)』이 있고, 보은의 상현서원(象賢書院), 청주의 신항서원(莘巷書院), 제주의 귤림서원(橘林書院), 금산의 성곡서원(星谷書院) 등에 제향되었다. 시호는 처음에는 문정(文貞)이고, 나중에 문간(文簡)으로 고쳐졌다.

40) 대곡(大谷): 성운(成運, 1497~1579)의 호이다. 자는 건숙(健叔)이고 본관은 창녕(昌寧)이다. 1531년(중종 26) 진사에 합격, 1545년(명종 즉위년) 그의 형이 을사사화로 화를 입자 보은 속리산에 은거하였다. 서경덕(徐敬德)·조식(曺植)·이지함(李之菡) 등과 교유하며 학문에 정진하였다. 그가 죽자 선조가 제문을 내려 애도하였으며, 뒤에 승지에 추증되었다. 저서로는 『대곡집(大谷集)』 3권 1책이 있다. 시호는 문경(文景)이다.

41) 상현서원(象賢書院): 충청북도 보은군 외속리면(外俗里面) 서원리(書院里)에 있는 동주(東洲) 성제원(成悌元)이 세운 서원이다. 1555년(명종 10) 삼년성 안에 충암(沖庵) 김정(金淨)을 향사하는 독향원(獨享院)을 세우고 '삼년성서원'이라 하였는데, 1610년(광해군 2)에 '상현'이란 이름의 사액을 받았다. 한국 최초의 서원인 소수서원(紹修書院) 다음으로 세워졌다. 1672년(현종 13) 삼년성 안에서 외속리면 서원리로 옮겨 세웠으며, 대곡(大谷) 성운(成運)을 을사명현으로 배향하고 보은현감을 지낸 동주 성제원과 중봉(重峯) 조헌(趙憲)을 1681년(숙종 7)에, 우암(尤庵) 송시열(宋時烈)을 1695년(숙종 21)에 추가 배향하였다.

42) 안읍창(安邑倉): 안읍(安邑)에 있던 창이다. 안읍은 충청북도 옥천 지역의 옛 지명이다. 조선시대에 안읍은 옥천의 동북쪽에 위치하여 보은과 접하고 있었으며, 이곳에 안읍창이 있었고, 문치(文峙)를 넘어 보은에 이르렀다. 동쪽으로는 마달치(馬達峙)를 지나 청산(青山), 남쪽으로는 화인역(化仁驛)을 지나 옥천과 이어졌다.

에서 묵었다가 아침에 옥천 관아로 돌아오니, 이날이 23일이요 유람한지 9일째였다.

오호라! 선비가 이 세상을 살아감에 저절로 참된 즐거움이 있지만 산수는 여기에 해당하지 않는다. 그러나 군자가 물상物象을 물상으로만 보지 않아서 살피는 바마다 도道 아님이 없다면 산수에도 참된 즐거움이 깃들어서, 애초에 안팎의 구별이 없으리라. 저 세상 사람이 명성과 여색과 기호와 욕심에 빠져서 산수에 어떤 의미가 담겨져 있는지를 모르니, 참으로 고루하다. 스스로 참된 즐거움을 구한다고 하면서 산수를 살필 줄 모르는 자라면 어찌 도를 아는 자이겠는가? 산수도 사물이기에 한결같이 빠져서 집착한다면 사물에 부림을 당하는 것과 다름이 없다. 그러나 남에게는 그저 사물일 뿐이고, 나에게는 도가 되며, 남에게는 부림을 당하는 것이 되고 나에게는 참된 즐거움이니, 자세히 살피지 않을 수 있겠는가?

그러나 살필 적에 눈으로 살피는 경우가 있고 마음으로 살피는 경우가 있다. 이른바 눈으로 살피는 경우란 우뚝 솟은 것은 산이라고 하고 흐르는 것은 물이라고 하여 바깥의 사물로만 구하고 마음에서 구하지 않는 것이다. 이른바 마음으로써 살피는 경우는 즐거움을 산수 사이에 맡겨 물과 산 너머에 마음을 노닐게 하여 외물에서 벗어나지 않으면서도 외물에 얽매이지 않아 마음과 외모가 함께하여 묵묵히 신묘한 경지에 들어가서 언어로써 형용하지 못하는 것이 있다. 이는 고명高明한 데에 마음을 두고, 하늘의 이치를 자득하여 세상의 모든 재미에 대해서 담담하여 순응하는 자가 아니면 불가능할 것이다. 내 비록 이런 경지에는 미치지 못하나, 또한 거의 가까우리라.

원문原文

丙戌春. 余在家親沃川任所. 沃距俗離不百里. 思以暇日遊. 得眼病未
果. 秋九月. 病始瘳. 以旣望之日作行. 渡化仁津. 宿報恩之屯德村. 朝
行至報衙. 主倅權兄煜. 纔遊俗離還. 謂楓葉已晚. 宜速入. 余曰. 行遠
自邇. 雖爲入道之法. 後山先水. 是得智仁之序. 吾欲姑捨俗離. 先訪華
陽. 遂直向淸州之靑川. 有書院. 專祀尤菴而置畫像. 農巖金丈作贊. 由
靑川北行二十里. 入華陽洞. 深曠幽奇. 翠壁之可仰者. 盤石之可坐者. 激
湍澄潭之可弄可泳者. 在在皆是. 眞靈境也. 有尤翁書室. 置畫像. 黃江
權丈作贊. 其南麓. 有皇明神宗崇禎皇帝祠宇. 號以萬東者. 蓋昨年. 權
丈據湘江舜祠. 成都昭烈廟之例. 且據諸先生之論. 稟朝廷立祠. 取水萬
折必東之義而名之也. 傍有石壁. 刻崇禎皇帝所寫非禮不動四字. 蓋閔相
鼎重入燕時. 求皇明御筆. 一人以此來授. 閔相卽傾橐償之. 其人知其意.
不取而走. 閔相奉到. 尤菴摸刻于此石云. 溪東立小刹. 名之以煥章. 留
眞本. 僧守之. 尤菴有跋. 文谷有詩. 又有皇明丁丑曆子. 余初入是洞.
愛其水石. 及到書室. 又感先輩遺跡. 至其瞻兩皇之祠. 撫石面之刻. 披
皇曆而讀諸文. 乃悲憤慷慨. 擊節興歎曰. 今天地翻覆. 日月晦塞. 天下
無一片淨土. 而此華陽一洞. 獨保皇明世界. 何哉. 且此洞自開闢以來.
不知爲幾年. 而得尤翁而其名始彰. 今得大明皇帝. 其事尤盛且光. 今雖
爲世所諱. 但爲樵童牧客所敬. 而後必光明顯著. 名於天下後世. 與孔子
之春秋. 並行不泯矣. 此豈惟山之幸不幸. 抑亦天下之幸不幸也. 仍泫然
出涕. 手按御筆. 而顧謂寺僧曰. 汝亦知愛此乎. 僧答曰. 世人無如我愛
此. 余曰. 何謂. 僧曰. 今人但知有大淸. 而不知有大明. 登第立朝. 手
皮幣走北路而不知愧. 豈若小僧輩一生在此山中. 瞻奉祠宇. 潔身懷義.

不知山外有興亡者乎. 余聞此言. 不覺汗出. 遂愧謝曰. 今天下大義. 獨
在山僧耶. 宿寺中. 明日. 上葩串. 水石極佳絶. 盤石平廣. 湍流競瀉.
一塵不到. 萬緣俱盡. 一步一坐不忍離. 行十餘里. 到仙遊洞. 水石亦佳
可愛. 洞外有人家. 行五里. 又有村. 名松面. 俱可居. 踰落影山二十里.
入松林寺. 過沙潭. 潭在寺下數里. 頗端妙. 卽李友載大所占欲築室者也.
自沙潭. 行十里. 至龍化村. 卽雲藏峯之北也. 擧頭而峯在焉. 乃捨馬踰
北迦峙. 行二十里. 入法住寺. 卽俗離大刹也. 法堂甚宏麗. 五層閣一.
二層閣二. 十字閣一. 傘形閣一. 寺前有鐵柱. 幾四五丈. 寺後有二石槽.
一鐵釜. 釜大幾一間. 門外有橋. 橋上有二碑. 一則事蹟碑. 尤翁製春翁
寫. 一則僧覺性碑. 鄭東溟製. 朗善君寫. 登水晶峯. 在寺北. 頗高. 雲
藏天王諸峯. 皆在眼中. 峯上巖石. 可坐百餘人. 其形如伏龜仰首然. 昔
有唐人登此. 以爲中原財帛. 盡傾東國. 此石之故也. 乃擊斬其首云. 下
法住寺歷山護臺. 宿玉心上人室. 心待余甚款. 與語頗知禪法. 爲念佛終
夜不寐. 余勞困頹寢. 心頻頻喚起曰. 多睡如此. 何以做工夫乎. 見我喫
肉曰. 食肉如此. 心境豈能澄淨. 亦何以不病乎. 其言警絶逼髓矣. 翌日.
由寺東行十里. 過外內石門. 至大嵓寺. 寺空無一僧. 但見菊花滿庭. 少
憩. 上雲藏峯. 山下則楓色欲晩不晩. 而到此盡爲枯摵. 其山高可知也.
及峯之中臺. 欲陟上臺. 風色不佳. 挽木梯而上. 有數十窪坎. 帶沮洳痕.
眺望極濶. 四面山川. 無不入覽. 縈白繞青. 蜿蜒其狀. 而其中岩嶢可辨
者. 東北則小白也. 月岳也. 鳥嶺也. 西南則鷄龍也. 大屯也. 赤裳也.
僧言淸明之日. 三角亦或見之云. 仍下中臺. 歷中獅子菴. 及上獅子菴.
向內山之本吉祥菴. 諸峯之羅列于東南者. 開眼卽在. 伸臂可接. 而或仰
或俯. 如玉如雪. 奇形異色. 眩人心目. 不可名狀. 蓋爲山之眞面本體.
而所見到此益親切. 愈入愈妙. 愈深愈有味. 始覺深造之功. 不可無也.

古人謂讀書似遊山. 可謂遊山似讀書而又似求道也. 菴有首座僧一人. 爲
面壁功. 余問首座用何話頭. 曰. 萬法歸一. 一歸何處也. 余曰. 用話頭
者. 窮索其義旨. 如儒家窮理之法耶. 抑以此常在口裏. 注泊此心. 使不
放去. 如數珠一般. 而別無意味耶. 僧曰. 雖不思議. 豈無義旨. 余曰.
僧言非矣. 以此把捉心像而已. 別無義旨. 仍問用此話頭時意思何如. 僧
曰. 但覺心下沓沓. 余曰. 良然. 吾固慮其如此也. 仍問曰. 然則爾不覺
一之所歸乎. 曰. 無覺. 余曰. 吾請下一語以破師疑. 其萬法歸一. 一歸
於萬乎. 僧大驚起拜曰. 措大何以解脫及此. 余仍極言儒佛主理主心之異.
頓悟之爲虛景非實理. 僧曰. 今聞措大之言. 胸中開豁. 勝聞吾師所教也.
其師蓋楓潭云. 仍與同宿. 夜深後有大風. 振阿掀谷. 聲勢甚壯. 至朝而
夕. 了無晴意. 留一日. 下福泉寺. 山腰以下. 蓋少風也. 坐東臺. 望見
諸峯. 愀然起歎曰. 余世業未盡. 俗心未祛. 山靈恐其點汚靈境. 而故爲
之遮遏不進耶. 俗客之到彼者. 從古亦多. 則抑在其人之幸不幸耶. 下寺
中. 有我世祖所與信眉書. 筆畫宛然. 有金乖崖所作序文. 下法住寺. 又
宿玉心室. 翌日. 出山行二十里. 踰灰峴. 到象賢書院. 祀金冲菴成大谷
諸賢. 冲菴大谷. 嘗隱俗離下. 而其所居處不及訪. 院東有水石頗佳. 宿
安邑倉. 朝返沃衙. 是二十三日. 而行凡九日也. 嗚呼. 士生斯世. 自有眞
樂. 而山水不與焉. 然君子不以物觀物. 而所觀莫非道. 則山水亦眞樂之
所寓. 而初無內外之別也. 彼世人之溺於聲色嗜欲. 而不知山水之爲何物
者. 固陋矣. 自謂求眞樂而不知觀山水者. 亦豈知道之人乎. 夫山水亦物
也. 則一向嗜着. 與役物無異. 然在人則爲物. 而在我則道也. 在人則爲
役. 而在我則眞樂也. 不可不觀也. 然其觀也. 有以眼觀者. 有以心觀者.
所謂以眼觀者. 峙者曰山. 流者曰水. 以境求而不求乎心者也. 所謂以心
觀者. 寄樂於山水之間. 而遊心乎流峙之外. 不離於境. 而亦不爲境所囿.

心境俱往. 窅然入神. 有不可以言語喻者也. 此非其人虛心高明. 天機自
在. 於一切世味. 澹然無爲者. 不能矣. 余雖不及乎此而亦庶幾焉.

출전: 李玄翼, 『正菴集』, 「遊俗離山記」

5

유속리산기

遊俗離山記

이동항李東沆

이동항(李東沆, 1736~1804): 자는 성재(聖哉), 호는 지암(遲庵), 본관은 광주(廣州)이다. 최흥원(崔興遠)의 문인이다.
어려서부터 학추봉모(鶴雛鳳毛)라는 칭송으로 경사백서(經史百書)에 정통하여 향시에 여러 번 합격했으나 벼슬길
에 뜻을 끊고 정주학(程朱學)과 동국선현의 문집을 탐독하여 거경궁리(居敬窮理)에 힘썼다. 박사원(朴士源)·정유
휘(鄭幼輝)·성철(成澈)·안인일(安仁一)·도성세(都聖世) 등과 서신을 주고받았으며 『방장유록(方丈遊錄)』·『해
산록(海山錄)』 등과 문집 6권 3책이 전한다.

해제解題

「유속리산기遊俗離山記」[43]는 정미년1787, 정조 11 9월 이동항李東沆, 1736~1804이 지음芝陰 노징사盧 徵士의 제향(躋享)을 돕고자 상산의 화령에 갔다가 속리산이 그 근교에 있음을 알고 휴암休庵 정 처사鄭處士와 벗 노광복盧光復과 함께 그곳을 유람하고 기록한 것이다. 귀석龜石과 명나라 점술사 설화, 복천사福泉寺와 세조世祖 임금의 이야기 등이 기록되어 있다. 또한 속리산에 올라서 여러 골짜기들의 장엄한 경관에 감탄한 것과 충암冲庵 선생과 대곡大谷 선생의 이야기를 예로 들면서 벗인 노광복이 제명題名하려는 것을 말리는 내용이 담겨져 있다.

국역國譯

태백산 줄기가 재빨리 천리를 달려 영남과 호남의 등성마루를 타고 앉아 숲이 울창한 이름난 큰 산이 되었다. 세 산태백, 소백, 속리 중에 속리산이 가장 기이하고 빼어나다고 일컬어지거니와, 이른바 바다 바깥우리나라에서 뾰족하게 높다는 것이 바로 이 산이다. 나는 정미년1787 9월에 지음芝陰 노盧 징사徵士[44]의 제향躋享의식을 맡아 상산商山의 화령化寧으로 갔는데, 속리산이 근교에 있어 하인에게 며칠 여행할 차비를 하라고 명하였다.

마침 가을에서 겨울로 바뀌는 계절이어서 된서리가 내렸고, 몸이 벌벌 떨릴 정도로 추웠다. 26일무자에 휴암休庵 정鄭 처사處士, 벗 노광복盧光復과

---

43) 이 글은 정조 11년(1787)년 9월 26일에 경북 상주에서 출발하여 충북 보은에 있는 속리산을 다녀온 내용이다.
44) 징사(徵士): 학문과 덕행이 높아 임금이 부르나 나아가 벼슬을 하지 않은 은사(隱士)를 말한다.

함께 길을 떠나서 북쪽으로 율현峴栗을 넘어 관음사에서 쉬고, 날이 저물어 삼가촌三街村에서 잤다.

갈현葛峴에서 한 굽이를 돌아 동쪽을 바라보니, 눈 덮인 산봉우리들이 구름 낀 하늘 위로 우뚝 솟아 있었다. 괘연송掛輦松, 정이품송을 지나 법주사로 들어가니 절 오른쪽에 수정봉水晶峯이 있었는데, 따로 떨어져 우뚝하게 높으면서도 단정하고 엄숙하여 마치 금강산에 있는 천일대와 같았다.

그 위에 귀석龜石이 있는데, 둥그스름한 바위가 머리를 서쪽으로 쳐들고 있었다. 임진년과 계사년 사이에 명나라의 점술사가 그 바위를 보고, "중국 재보財寶의 기운이 이것 때문에 점차 소실된다."라고 하고 그 머리를 잘라버렸다. 뒷날 회를 이겨서 머리를 붙이고 탑을 세워 거북을 진정시켜 주었다고 한다.

한낮에 복천사福泉寺에 올랐는데, 산 속 가장 깊은 곳에 있었다. 옛날 세조께서 비빈과 여러 왕자들, 종실과 문무백관 신하들을 거느리고 이곳에서 신미장로信眉長老[45]를 찾아뵙고 토지와 농장, 노비까지 넉넉하게 내려주었으며, 또 태학사太學士 김수온金守溫을 시켜 속리산에 얽혀 있는 고사들을 기록하게 하였다.

복천사 동쪽에 대臺가 있고, 천왕봉天王峯에서 모자성母子城까지 기이한 봉우리와 괴상한 바위들이 마치 창과 방패를 늘어놓은 듯 삐죽삐죽하며, 병풍을 쳐놓은 듯 빽빽하였는데, 저녁 무렵 해가 기울면서 비스듬히 비치

---

45) 신미장로(信眉長老): 혜각존자(慧覺尊者, 생몰년 미상), 본명은 김수성(金守省), 본관은 영동(永同), 김수온(金守溫)의 형이다. 세조 때의 선승(禪僧)이다. 법주사(法住寺)에 출가하여 사미(沙彌) 시절에 수미(守眉)와 함께 대장경을 읽고 율을 익혔다. 그 뒤 세종 말년에 세종을 도와 복천사(福泉寺)를 중수하고 그곳에 아미타삼존불을 봉안하였다. 1458년(세조 4)에 나라에서 해인사(海印寺)에 있던 대장경 50부를 간행하고자 했을 때 이를 감독하였고, 1461년 6월에 왕명으로 간경도감(刊經都監)을 설치하여 훈민정음(訓民正音)을 널리 유통시키기 위해 불전(佛典)을 번역, 간행했을 때도 이를 주관하였다. 1464년 2월 세조가 속리산 복천사로 행차하였을 때 그곳에서 사지(斯智)·학열(學悅)·학조(學祖) 등과 함께 대설법회(大說法會)를 열었다. 세조가 혜각존자(慧覺尊者)라는 호를 내리고 존경하였다.

니, 옥설玉雪같이 밝게 빛났다. 복천사에서 북쪽으로 꺾어 보현재普賢岾를 넘었는데, 이때는 가을이 깊어져 낙엽이 떨어지니 온 골짜기가 바스락거렸다. 중사암中獅庵에 올랐는데, 암자가 산의 끝자락에 있으니, 그 높이가 이미 절반을 넘었다. 여기서부터 북두성에 걸려 있는 듯 산세가 가팔라지고, 돌부리가 험했는데, 고개등마루를 올라서니, 갑자기 백석정白石亭이 나타났다. 정자가 하늘 위로 우뚝 솟아 있으니, 이것이 바로 문장대文壯臺의 진면목眞面目이었다.

나중에는 갓과 옷을 벗고 흰 바위틈을 이용해서 위로 올라갔다. 그 바위틈이 끝나자 둥근 바위가 평평해서 마치 큰 돗자리를 깔아 놓은 듯했는데 이것이 바로 중대中臺였고, 중대 위에 또 도끼로 깎은 듯한 큰 바위가 있었는데, 이것이 바로 상대上臺였다. 그 위에 저절로 이루어진 큰 웅덩이가 하나 있고, 여름에 큰물이 져 가득차면 나뉘어져 삼파수三派水가 되는데, 북쪽 모서리로 넘친 것은 용화龍華 마을로 들어가서 괴강槐江의 근원이 되고, 동쪽 모서리로 넘친 것은 용유龍遊로 들어가서 낙강洛江의 근원이 되며, 서쪽 모서리로 넘친 것은 석문동石門洞으로 들어가서 금강錦江의 근원이 된다.

중대 북쪽에서 가로놓인 사다리 아래로 내려오면서 몸을 돌려 동쪽을 보니, 상대의 터에 큰 마룻대가 비스듬히 나와 있는 것에 딱 마주친다. 그 아래 하나의 웅덩이에 잔잔하게 물이 모여 맑고 깨끗하였는데, 감로(甘露)라고 불리는 것이었다. 한 올 실낱같은 돌길이 그 왼쪽으로 나 있어, 그 물을 떠 마실 수 있는 길과 통할 수 있었다. 길 앞에는 만 길이나 될 듯싶은 바위 벼랑이 있고, 사방으로 아무 막힘이 없어서 온 나라를 다 둘러 바라볼 수 있었다. 때문에 한번 눈을 떠서 천리를 바라볼 수 있어 가슴속에 꽉 차 있던 속세의 티끌과 먼지들을 다 씻어 내었으니, 이것이 이번에 내가 대에 올라온 뜻이다.

간밤에 비가 조금 내리고, 구름이 뭉게뭉게 피어나 눈앞의 풍경이 드러나기도 하고 사라지기도 하였다. 얼마 지나지 않아 북풍이 거꾸로 불어 어두운 구름이 말끔히 씻겨나가니 온 천지가 차례로 드러났다. 이에 영남과 기호 지역의 전체와 전남 지역의 반쪽, 치악산의 동쪽, 한수漢水 이북 지역이 한눈에 활짝 열리니, 마치 손을 내밀어 휘저은 듯 하였다. 천왕봉天王峰·비로봉毘盧峰·관음봉觀音峰·보현봉普賢峰·향로봉香爐峰·모자성母子城 등을 굽어보는 듯하였고, 용화龍華·송면松面·용유龍遊·청화靑華·청계靑溪 등의 여러 골짜기들이 층층이 둘러싸여 있었는데, 모두 내 나막신 아래에 있었다. 아! 경관이 대단하고도 장엄하였다.

손가락으로 가리키며 휴암처사休庵處士가 "삼한 땅이 모두 우리 눈앞에 있습니다."라고 하였다. 나의 벗 노광복이 붓에 먹물을 찍어 제명題名할 것을 청하기에, 나는 "그만 두시게. 저 대석臺石을 쪼아서 붉은 칠을 화려하게 한 것이 어찌 그 이름을 만세토록 남기려는 것이 아니겠는가만, 돌이 닳아지는 날에는 그 이름도 따라서 다 없어질 것이니 오히려 어떻게 먹물에 신경을 쓰겠는가. 옛적에 충암沖庵[46]과 대곡大谷[47] 두 선생이 이 문장대를 아껴 자주 찾으셨는데도, 이름 한 자 남기지 않으신 것은 대체로 달갑

---

46) 충암(沖菴): 김정(金淨, 1486~1521)의 호이다. 김정의 자는 원충(元沖), 호는 충암(沖菴)·고봉(孤峯), 본관은 경주(慶州)이다. 1507년(중종 2)에 문과에 장원하고, 부제학(副提學)과 도승지(都承旨)를 거쳐 대사성(大司成)과 예문관 제학(藝文館提學)을 지냈다. 조광조(趙光祖) 등과 함께 미신 타파와 향약(鄕約)의 전국적 시행을 위하여 힘썼다. 산사무옥 때에 사사(賜死)되었다. 1545년(인종 1) 복관되었고, 1646년(인조 24) 영의정(領議政)에 추증되었다. 저서로 『충암집(沖菴集)』, 「제주풍토록(濟州風土錄)」이 있고, 시호는 문정(文貞)인데, 나중에 문간(文簡)으로 고쳐졌다.

47) 대곡(大谷): 성운(成運, 1497~1579)의 호이다. 성운의 자는 건숙(健叔), 호는 대곡(大谷), 본관은 창녕(昌寧)이다. 1531년(중종 26) 진사에 합격, 1545년(명종 즉위년) 그의 형이 을사사화로 화를 입자 보은 속리산에 은거하였다. 그 뒤 참봉(參奉)·도사(都事) 등에 임명되었으나 곧 사퇴하고, 선조 때도 여러 차례 벼슬에 임명되었으나 취임하지 않았다. 시문에 능하였으며 은둔과 불교적 취향을 드러낸 시를 많이 남기고 있다. 서경덕(徐敬德)·조식(曺植)·이지함(李之菡) 등과 교유하며 학문에 정진하였다. 그가 죽자 선조가 제문을 내려 애도하였으며, 뒤에 승지(承旨)에 추증되었다. 저서로는 『대곡집(大谷集)』이 있다.

지 않게 생각하셨기 때문에 그리 하셨을 것이네. 그러나 그분들의 빛나는 이름들의 자취가 아직도 이 대 위에 남아 있다네. 우리 후생들로 하여금 구름을 우러르고 이끼를 어루만지며 감상하고 사모하게 하는 것은 그 백 세까지 전할 이름들이 우주에서 닳아 없어지지 않을 것이기 때문이네. 자네는 남기지 않은 이름이 참으로 큰 이름이라는 것을 아시는가?"라고 하였다.

오래 앉아 있으니, 바람이 점점 세어져 차가운 기운이 뼛속까지 스며들어 마침내 대에서 내려와 왔던 길을 되밟아 오자니, 중사암 중들이 우리를 맞이하면서 노고를 위로하고 날씨가 맑아서 장쾌히 구경할 수 있었던 것을 축하해 주었다. 우리는 산골 물을 끼고 서쪽을 따라 내려가 두 개의 돌문을 거쳐 법주사에서 묵었다. 마치 열자列子가 바람을 부려 노닐다 돌아온 것[48] 같았다.

원문原文

太白之幹. 馳驟千里. 跨據嶺湖之脊. 鬱然爲名山巨嶽. 而三山之俗離最以奇秀稱. 所謂海外方嶠者是也. 遲庵居士. 以丁未之九月. 爲相芝陰盧徵士躋享儀. 赴商山之化寧. 山在莽蒼間. 命屐戒僮. 行有日矣. 適値秋冬交. 寒霜凄慄. 二十六日戊子. 與休庵鄭處士盧友光復發行. 北踰栗峴. 憩觀音寺. 暮投三街村. 自葛峴轉一曲. 東望雪嶂玉峯. 聳揷雲霄. 歷掛鞏松. 入法主寺. 寺之右有水晶峯. 孤高端重. 如楓嶽之有天一臺也. 上

---

48) 열자(列子)가……돌아온 것:『장자(莊子)』「소요유(逍遙遊)」에 "열자가 바람 기운을 타고 하늘 위로 올라가서 기분 좋게 보름 동안쯤 마음대로 돌아다니다가 돌아온다.[列子御風而行 泠然善也 旬有五日而後反]"라는 말이 나온다.

有龜石. 穹隆仰首西向. 壬癸間. 明之術客. 相之曰. 中國財寶之氣. 由此耗散. 斷其首. 後人續以灰泥. 建塔鎮之. 晌午上福泉寺. 山之最深處也. 昔我光陵率妃嬪諸王子宗室文武百僚. 訪信眉長老於此. 優施土田藏獲. 使太學士金守溫記之爲山中故事. 寺之東有臺. 自天王峯. 至母子城. 奇峯怪石. 列如戈戟. 森如屏幛. 夕日斜照玉雪晃朗. 自寺北折踰普賢岾. 時秋高葉落. 萬壑皆鳴. 上中獅庵. 庵在山之杪. 其高已過半矣. 自此山勢斗懸. 石角崚嶒. 登嶺脊. 忽見白石亭. 亭特立中天. 眞是文壯之面目. 遂解免衣冠. 屈折巖隙而上. 隙盡而石面圓平. 如鋪大茵席. 是爲中臺. 臺上又有巨石戉削. 是爲上臺. 上有天成大窪. 夏潦盈科分. 爲三派水. 北角而溢者. 入於龍華. 爲槐江之源. 東角而溢者. 入於龍遊. 爲洛江之源. 西角而溢者. 入於石門洞. 爲錦江之源. 自中臺北. 出橫梯之下. 側身東窺. 則恰當上臺之址. 大广斜出. 下有一泓水. 靜滀瑩潔. 號稱甘露. 一線石逕. 承其左傍. 可通酌飲之路. 前臨萬仞之壁. 四無障礙. 宜通望一國. 故一騁千里之目. 盪滌芥滯之胸. 是吾登臺之意也. 夜雨微灑. 雲物饋餾. 面前光景. 吞吐迷濛. 俄而北風倒吹. 陰雲廓掃. 乾端坤倪. 次第呈露. 於是. 嶺湖全局. 全南半面. 雉岳之東. 漢水以北. 一望開豁. 若將舉手招搖. 俯視天王毘盧觀音普賢香爐母子城諸峯. 龍華松面龍遊青華青溪衆壑之委積. 盡在屐齒之下. 噫. 觀大矣. 壯矣. 指示. 休庵處士曰. 三韓是吾眼前矣. 盧友請漬墨題名. 居士曰. 止矣. 彼斲臺石朱丹交暎者. 豈不欲壽命萬世. 而石磨之日. 名隨埋沒. 尙何墨之恤也. 昔沖庵大谷兩先生. 愛遊兹臺. 筇屐相尋. 而未嘗一字留名. 蓋有不屑而然. 然而遺芬芳躅. 尙在臺上. 使我後生輩. 瞻雲撫苔. 感想興慕者. 以其百世之名. 不磨於宇宙也. 子知不名之名眞大名也耶. 坐久. 風力漸勁. 寒氣襲骨. 遂下臺. 復路. 中獅庵庵僧. 迎敍勞苦. 交賀天晴快觀. 因夾澗西

下. 穿兩石門. 投宿法住寺. 如列子御風而返也.

출전: 李東沆, 『遲庵集』, 「遊俗離山記」

6

신 정현산수가
유자기

新 定縣山水可遊者記

김득신金得臣

김득신(金得臣, 1604~1684): 호는 백곡(栢谷) 혹은 귀석산인(龜石山人), 본관은 안동(安東)이다. 시에 능해 오언·칠언절구를 잘 지었으며, 늦은 나이인 1642년(인조 20) 39세에 사마시(司馬試)에 합격하여 진사가 되었다. 1662년(현종 3)에는 증광시(增廣試) 문과에 병과(丙科)로 급제하였고, 1663년(현종 4)에 병조(兵曹)·공조(工曹)·예조(禮曹)의 좌랑(佐郎)을 거쳐 이후 풍기군수(豊基郡守)·사헌부장령(司憲府掌令)·승문원판교(承文院判校)·강원도사(江原都事)·홍천군수(洪川郡守)·정선군수(旌善郡守) 등을 지냈다. 문집으로『백곡집(栢谷集)』이 있고, 시화집인『종남총지(終南叢志)』와 평론집인『종남쇄언(終南粹言)』 등이 있다. 그 밖의 작품으로 술과 부채를 의인화한 가전체(假傳體) 소설「환백장군전(歡伯將軍傳)」과「청풍선생전(淸風先生傳)」을 남기기도 했다.

해제解題

　「신정현산수가유자기新定縣山水可遊者記」는 김득신金得臣, 1604~1684이 신정현新定縣, 현 충남 천안시 목천읍의 복구정伏龜亭 · 백촌柏村 · 갈전葛田 등의 그 주변 경관을 살펴보고 그 모습을 기록해 놓은 것이다. 또한 작자는 울산탄蔚山灘과 오송정五松亭의 모습과 함께 그 명칭의 유래에 대해서 함께 기록해 놓았다.

국역國譯

　복구정伏龜亭 아래 맑은 못에는 물이 가득 고여서 닦은 거울처럼 빛나는데, 물고기는 떼를 지어 뛰놀고 물새들은 서로 쫓아 오가며, 푸른 벼랑은 못의 오른쪽을 휘감고 금빛 둑은 못의 왼쪽에 넓게 펼쳐졌다. 키 작은 소나무는 울퉁불퉁해서 먹줄을 댈 수 없는 것들이 굽은 물가에 드리워졌고, 늙은 느티나무는 우거지고 뿌리가 드러난 것들이 바위 가에 늘어섰다. 채색한 마룻대와 나는 듯한 용마루가 평야 가운데에 우뚝 서 있으니 예로부터 운치 있는 선비와 공부하는 이들 중에 누가 노닐며 시를 읊어 그 회포를 풀지 않았겠는가? 『여지지輿地志』에 기재된 복구정이 이곳이다.

　백촌柏村은 복구정에서 5리 정도 떨어져 있다. 복구정 아래의 물은 백촌에 이르러 모여서 큰 내가 되는데 그 흐름이 평평히 퍼져서 물을 끼고 산을 왼쪽에 두고서 못을 이룬다. 그 못이 휴암鵂岩을 에워싸고 백촌의 농민은 예로부터 못 아래에 제방을 쌓았다. 울산탄蔚山灘은 옛날에 이름이 울산이란 자가 빠져 죽었기 때문에 여울이 이런 이름을 얻었다. 여울 아래에 중들이 층층벼랑을 깎아 절을 만들었다. 시야가 탁 트여서 창가에 기대면 시냇가의 풍광이 볼만하고 물새들을 헤아릴 수 있었다. 물결에 가로 놓인 괴석은 호랑이가 다투는 모양 같고 하늘에 잇닿은 절벽은 마치 도끼로 쪼갠 듯하였다. 봄이면 푸른 버들이 내를 감차고 가을이면 붉은 단풍수를 놓으니 이곳의 뛰어난 경치를 어찌 사랑하지 않을 수 있을까.

갈전葛田에는 오송정五松亭이 있다. 다섯 그루 소나무가 넓게 늘어서서 오송정이라고 부른다. 개울물은 매당촌梅堂村 앞에서부터 졸졸 흘러 오송정 아래에 이르러 가득 고여 못이 된다. 그곳에 사는 사람들이 이를 아껴서 못가에는 돌로 계단을 쌓고 소나무 아래에는 모래를 깔아 평소 노니는 곳으로 삼았다. 사람들이 모두 이 고을에서 가장 뛰어난 경치라고 하였다. 옛날 방곡芳谷 이옹李翁은 시로 이름이 난 인물이다. 꽃피는 봄날 달이 뜰 때면 노닐고 감상할 수 있는 장소로 술을 장만해 소나무 아래에 모여서 산수의 즐거움을 한껏 누렸는데 마을 사람들이 지금까지 그 일을 자못 상세하게 전한다. 내가 무더위에 오송정에 들러 다섯 그루 푸른 소나무를 관상하고 말을 풀어놓고 소나무 아래에 쉬면서 앞산을 마주보며 시를 읊조리다가 날이 저물어서야 돌아오니 이른바 뛰어난 경치라는 것이 과연 그 이름에 걸맞더라.

원문原文

伏龜亭之下. 澄潭渟滀. 光如磨鏡. 游魚作隊出沒. 沙鳥相逐往來. 翠壁繚繞於潭之右. 金堤平闊於潭之左. 矮松擁腫. 不中繩墨者. 倒垂於枉渚. 古槐扶疏. 露出盤根者. 羅立乎巖畔. 畫棟飛甍. 歸然于平野之中. 自古韻士學子. 孰弗倘佯吟詠而暢其懷. 輿地志所載伏龜亭者此也.

柏村之去龜亭五里許矣. 龜亭下之水. 至柏村匯爲大川. 其流平鋪. 抱水左山而作潭. 其潭環于鶺岩. 柏村農氓. 自古築堤堰于潭之下. 蔚山灘. 古之名其蔚山者溺死. 灘得是名. 灘之下. 緇徒跂層厓構佛舍. 眼界敞豁. 憑其軒牕. 則川光可觀. 鸂鶒可數. 橫波之怪石. 如虎鬪之狀. 連雲之絶壁. 若斧鑿之痕. 春而綠柳籠煙. 秋而丹楓作錦. 此間勝致. 豈非可愛乎. 葛田有五松亭. 五株松旁羅. 故仍號五松亭. 澗水自梅堂村前. 潺潺而流. 至五松亭下. 渟潴爲潭. 居人愛之. 以石築階于潭之上. 松之下. 取沙土鋪之. 常爲遊翫之所. 人皆曰勝致冠於是縣矣. 昔李芳谷詩翁也. 與友朋每花朝月宵. 携酒相聚于松下. 盡其山水之樂. 村人至今傳之頗詳. 余嘗溽暑. 過五松亭. 觀五松蒼翠. 卸馬憩于松下. 對前山而嘯詠. 日暮旋歸. 所謂勝致者果符其名.

출전: 金得臣, 『柏谷集』, 「新定縣山水可遊者記」

7

유월산기

遊月山記

신명현申命顯

신명현(申命顯, 1776~1820): 자는 유목(幼穆), 본관은 평산(平山)이다. 1803년(순조 3)에 증광시에 3등으로 합격하였다. 그의 행적은 자세히 알 수 없으나 그의 문집에 북한산(北漢山), 도봉산(道峰山) 등을 유람하고 쓴 시문이 적지 않은 점과, 산수(山水)를 좋아하는 버릇이 있어서 백악산(白嶽山)과 종남산(終南山) 등을 유람했다는 그 자신의 진술로 보아 유람을 즐겼던 듯하다. 저서에 『평호유고(萍湖遺稿)』가 전한다.

해제解題

「유월산기遊月山記」[49]는 음력 8월 18일 신명현申命顯, 1776~1820이 '운고자雲皐子'라 불리는 인물과 함께 현 충남 홍성의 월산 지역의 한 산에 올랐었던 일을 기록해 놓은 것이다. 두 사람은 산에 올랐으나 술이 없는 것에 매우 아쉬워하기도 했으나 산에 살고 있던 노인 덕분에 술과 안주를 맛보면서 즐거워하는 모습이 보인다. 또한 작자는 빈 절에서 술을 얻어먹는 것이 이전에 없었으며, 당시에는 더욱 어려운 일이라 하면서 그날 유람을 매우 기이하게 여겨 기록을 남긴다고 적고 있다.

국역國譯

비가 그치고 서풍이 불어오니 저녁의 서늘함이 쓸쓸하고, 시냇가 다락에서 병으로 신음하니 주렴 안이 고요하였다. 때마침 운고자雲皐子가 북안北岸으로부터 술에 취해 찾아와서는 나에게 "비가 내리고 바람도 불어 시절이 바뀌는데 가녀린 애간장이 애달프지 않을 수 있겠습니까?"라고 하기에, 내가 벌떡 일어나 "송옥宋玉의 슬픔[50]과 반악潘岳의 홍취[51]가 바로 우리 회포와 맞아떨어집니다. 어떻게 해야 술 들고 높은 산에 올라 이 서글픔을 풀 수 있을까요?"라고 하고는 큰 잔으로 술을 마시며 경치가 뛰어

---

49) 유월산기(遊月山記): 충청남도 홍성군 홍성읍 월산리에서 노닌 기록이다.
50) 송옥(宋玉)의 슬픔: 송옥은 초나라 사람으로 굴원의 제자이다. 사부(詞賦)에 능해 스승의 추방을 민망히 여겨 가을을 슬퍼하는 시인 「비추부(悲秋賦)」를 지었는데, 쓸쓸한 가을을 읊을 때 흔히 이를 인용한다.
51) 반악(潘岳)의 홍취: 진(晉)나라의 유명한 시인인 반악(潘岳)은 한가한 삶을 노래하는 「한거부(閑居賦)」를 지어 대체로 세상일을 전혀 아랑곳하지 않고 조용한 삶을 지냈는데, 여기서는 그의 「추홍부(秋興賦)」를 가리켜 가을의 홍취를 빗댄 것이다.

난 곳들을 두루두루 따져보다가 오악烏嶽에 오르려니 단풍과 국화가 아직 이른 때요, 용계龍溪로 가렸더니 물고기와 벼가 아직 살이 붙지 않을 때라, 상하동남上下東南에 어느 곳이 좋을지 몰랐다. 운고자가 "성산聖山의 동쪽, 백월白月의 서쪽은 산이 웅장하고 수려하며 땅은 그윽하고 동부는 외져서 골짜기마다의 맑은 경치가 함께 노닐 만하고 숲마다 매달린 과실이 허기를 메꿀 만하여 바야흐로 지금 회포를 푸는 데에는 이보다 나은 곳이 없습니다."라고 하였다. 내가 "국화 울타리의 술이 아직 익지 않았고 술집에 빚도 쌓아 놓지 않았으니 설사 명승지가 있어도 놀러가지 못하는 게 한이 됩니다. 흥취가 한심스럽지만 그저 보러 가시겠습니까?" 이에 지팡이와 신을 갖추어서 봉암鳳庵 아래로 출발했으니 때는 팔월 음력 열엿새 후 이틀째였다.

풀을 헤치고 시내를 따라 가서 벼랑 가를 걸으니 푸른 숲은 빽빽하고 운무는 엷었다. 높은 언덕에서 옷자락을 털고 절벽에 갓을 걸고서 바위 모서리에 기대어 손으로 나뭇가지 끝을 쥐니 비로소 청향淸香의 맛이 바로 산림이 내려준 결실임을 믿게 되었다. 기쁘게 노래하고 즐겁게 웃으면서 오직 한잔 술이 이어지지 않는 것이 아쉬웠는데 잠깐 사이에 구름이 사방을 가득 메우고 산색이 어두워져 비가 내릴까 겁이나 급히 돌아왔다. 사천斜川을 거쳐 내려오는데 뾰족한 돌과 가파른 바위가 많아 겨우 지팡이 하나 디딜 만하니 세 걸음마다 뒤돌아보며 날이 저물어서야 선문禪門에 도착했다.

법전法殿은 텅 비어서 아무도 없이 적막하며, 탑에는 먼지가 끼고 승상僧床은 이끼에 덮였다. 병든 몸이 가을 기운에 놀라 더욱 마음 상해서 망연히 앉아 근심스럽게 중얼거렸다. "만약 이때 동이로 술을 마셔 깊이 취할 수 있다면 지금 여기 온 객의 쓸쓸한 회포를 위로할 수 있을 텐데." 말이 끝나기도 전에 마침 어디서 왔는지 모를 산에 사는 늙은이 하나가 내

앞에 와서 세 번 절하고 술과 안주를 공손히 바쳤다. 용모가 남다르고 의복이 너울거려 이 골짜기는 늙은이도 세속에 물들지 않은 모습이란 걸 알았다. 소나무 쟁반에 자라로 담근 식혜, 질그릇 술병의 막걸리는 바로 산중에서 빚은 것들이지만 또한 세상에서 흔히 보는 맛은 아니었다.

술 한 잔에 시 한 수씩 읊으며 터놓고 얘기를 나누면서 기쁘게 웃으니 꼭 갈증에 목을 축이는 술이 허기에 배를 채우는 진수성찬보다 나아서만은 아니었다. 만 가지 답답한 시름을 술잔에 풀고 천 갈래 깊은 한도 술병 속에서 다 흩어졌다. 명승지에서 취하려는 것은 단지 맑은 흥이 술기운을 더해서만이 아니요, 빈 절에서 술을 얻었으니 참으로 이번 유람이 기이하다는 것을 느끼게 되었다. 내가 운고자에게 "옛 사람 중에도 절에 들어가 술을 마신 이가 있으니 도연명이 동림사에 갈 때에는 혜원惠遠이 허락했고 52) 위원偉袁이 천축사에 들르니 도명道明이 맞이했다는 얘기는 기이하다고 칭할 게 못 됩니다. 오늘 나와 당신이 이곳 중도 없는 절에 와 이렇게 취하도록 마시고 배불리 먹으며 노닌 즐거움은 이전에는 없던 것이고 지금 사람들이 얻기 어려운 것이니 어찌 기이하다 하지 않겠습니까."라고 하였는데, 이는 기록하지 않을 수 없기에 그 일을 간략히 서술하여 후세에 남긴다. 평호萍湖가 쓴다.

원문原文

潦退西風. 晩凉蕭颯. 喈病溪樓. 簾幕寂然. 時適雲皐子. 自北岸乘醉而

來. 謂余曰. 雨雨風風. 時候旣更. 軟腸弱肚. 能不悽愴. 余乃蹶然而起曰. 宋玉之悲. 潘岳之興. 正合吾人之懷. 顧安得携酒登臨. 消愁遣恨耶. 乃飮一大白. 因歷論勝處. 將登烏嶽. 楓菊尙早. 欲向龍溪. 魚稻不肥. 上下東南. 何處其可. 雲皋子曰. 聖山之東. 白月之西. 山雄秀麗. 境邃洞僻. 萬壑淸景. 可以供遊. 千林香果. 可以療飢. 方今一暢. 無過此也. 余曰. 菊籬之釀未熟. 杏簾之債無儲. 縱有地勝. 恨無濟勝. 雖興味蕭索. 第往觀乎. 於是聯筇理屨. 起向于鳳庵之下. 時維八月. 旣望後二日也. 披草緣溪. 散策憑厓. 蒼翠密翳. 雲靄澹薄. 拂衣高岡. 掛冠絶壁. 身倚石角. 手摘林端. 始信淸香之味. 乃是山林之果. 怡然而歌. 嬉然而笑. 只恨盃樽之不相屬. 俄而密雲四塞. 山色沈冥. 怯雨忙歸. 路由斜川. 危石巉巖. 纔容一杖. 三步回頭. 晚到禪門. 法殿如磬. 寂寞無人. 佛塔塵生. 僧床苔沒. 驚秋病骨. 倍覺傷心. 芒然而坐. 愀然而語. 曰若得此時樽酒之沉醉. 庶慰今來客懷之蕭條. 言未已. 適有一山翁. 自何而來. 三拜于前. 敬進酒肴. 奇偉眉目. 婆娑巾服. 知是山谷之叟. 而不染世俗之態. 松盤鰲醢. 瓦樽蟻香. 乃是山中之供. 而亦非人間之味也. 一觴一詠. 劇談欣笑. 不翅渴喉之潤液. 絶勝飢腸之珍羞. 閑愁萬種. 消遣於杯中. 深恨千端散盡於壺裏. 名區取醉. 非徒淸興之助發. 虛刹得酒. 儘覺兹遊之奇絶. 余謂雲皋子曰. 古之人亦或有入寺飮酒者. 而淵明蓮社. 惠遠許之. 偉袁天竺. 道明迎之. 是不足稱其奇也. 今吾與子來此無僧空門. 而能有此醉飽盤桓之樂. 此則前代之所未有. 而今人之所難得也. 豈不異哉. 是不可以無記. 略述其事. 而垂于後. 萍湖書.

출전: 申命顯, 『萍湖遺稿』, 「遊月山記」

8

용호산수기 임인

龍湖山水記 壬寅

송명흠宋明欽

송명흠(宋明欽, 1705~1768): 자는 회가(晦可), 호는 역천(櫟泉), 본관은 은진(恩津)이다. 아버지는 요좌(堯佐)이며, 이재(李縡)의 문인이다. 낙향하는 아버지를 따라 옥천(沃川)·도곡(塗谷)·송촌(宋村) 등지로 옮겨 다니며 살았다. 뒤에 학행으로 추천되어 충청도도사(忠淸道都事)·지평(持平)·장령(掌令) 등이 제수되었으나 나아가지 않았으며, 1754년(영조 30) 특별히 서연관(書筵官)을 제수하여 별유(別諭)를 내리기까지 하였으나 글을 올려 사양하였다. 1755년 옥과현감(玉果縣監)이 되었으나 모친상을 당하여 사직하였다. 3년상을 마친 뒤, 집의(執義)·승지(承旨)·참의(參議) 등의 벼슬이 주어졌으나 모두 글을 올려 거절하였다. 만년에 정국이 다소 안정되면서 1764년 부호군(副護軍)에 임명되고 찬선(贊善)으로 경연관(經筵官)이 되어 정치 문제를 논의하는 가운데 영조의 비위에 거슬리는 발언을 하여 파직되었다. 그는 자신의 학문을 완성하기 위하여 이재(李縡)·민우수(閔遇洙)·송사능(宋士能)·김양행(金亮行)·신소(申韶) 등과 서신으로 학문에 대한 의견을 교환하였다. 이조판서(吏曹判書)에 추증되었다. 저서로는 『역천집(櫟泉集)』이 있다. 시호는 문원(文元)이다.

해제解題

「용호산수기龍湖山水記」는 송명흠宋明欽, 1705~1768이 옥천의 용호촌과 그 주변 일대를 둘러보고 기록해 놓은 유람기이다. 작자는 용호가 산들에 둘러싸여 있기는 하지만 그곳 산들이 모두 우뚝하고 수려하며 일부 봉우리는 특히 아름다워서 바라보면 날개를 편 듯 높이 솟아 있음에 매우 감탄해 하고 있다. 또한 '용호龍湖'라는 명칭 유래가 기록되어 있으며, 많은 사람들뿐만 아니라 그곳에 살고 있는 사람들도 진정한 용호의 좋음을 알지 못한다는 것과 그곳이 무릉도원과 같아 혼자 그 좋음을 다 누리고 싶어하는 마음도 나타난다.

국역國譯

사람들은 모두 옥천沃川이 좋다고 한다. 옥천은 본래 산수가 아름다운 고을로 땅이 비옥하여 오곡과 뽕나무와 삼을 기르기에 좋아서 기근의 근심이 없다. 이런 까닭에 게을러 구차하게 살아가는 자들이 이곳으로 생계를 위해 많이 온다. 크고 작은 마을이 산수에 기대어 이따금 바둑돌처럼 놓여서 큰 것은 수십 호요 작은 것은 십여 호이다. 그러나 산이 험하고 물이 얕아 군자가 살기에는 좋지 않다.

옥천에서 북쪽으로 10리쯤 가면 끊임없이 이어지는 산이 있는데 물을 뒤집어쓰고 섬처럼 쑥 들어가 있다. 물은 동남쪽에서 들어와 서북쪽으로 가다가 언덕을 빙 돌아 남쪽으로 흐르는데 산을 한 바퀴 다 휘감고는 질펀히 서쪽을 향해 흐르니 강물을 둘러싼 것이 또한 다 산이다. 그 중에는 언덕과 밭두둑, 맑은 못과 평평한 둑이 있으며 층암괴석이 땅을 뚫고 나와 기이한 형상을 다투는 것들이 헤아릴 수 없이 많다.

강가의 큰 나무숲 안에는 민가 50여 호가 있는데 모두 소나무 사립문의 초가집으로 이곳이 용호촌龍湖邨이다. 가산佳山과 장현帳峴이 마을의 동북쪽을 누르고 구령鷗嶺이 서쪽을 막았으며 남쪽은 가운데가 툭 터져 은은히 50리 밖의 산이 보인다. 용호龍湖를 둘러친 산들은 모두 뒤에는 우뚝하고 앞에는 수려하며 서남쪽의 여러 봉우리가 특히 아름다워서 바라보면 날개를 편 듯 높이 솟아 있다. 사람들의 일상생활과 서로 이어진 듯하지만 가까이 할 수 없는 것이 서대西臺이다. 옥천으로부터 북쪽은 봉우리가 겹겹이 싸여서 산과 물에 기댄 마을은 대부분이 남쪽으로 서대를 볼 수가 없고 유독 용호가 더 그러하다.

물이 마을 앞에 이르면 더욱 빙빙 돌아 찰랑이는데 물의 서쪽에는 깨끗한 모래와 흰 돌이 항상 눈과 달처럼 깨끗하다. 그 동쪽에는 대여섯 개의 봉우리가 강물을 베고 깎은 듯 서 있는데, 헌칠하게 높고 큰 모습으로 우뚝하니 삼각형을 이루었고 여러 봉우리 중에 가장 높은 것은 선인봉仙人峯이라고 한다. 선인봉 아래에 물이 모여들어 깊은 못이 되었고 이것을 장호長湖라고 하는데 그 끄트머리에 콸콸거리며 바위 위로 흐르는 곳을 석탄石灘이라 한다. 그 상류에도 물이 얕고 물살이 빨라 여울이 된 곳이 있는데 여울의 원류는 넘실대는 용추이고 사람들은 그 안에 용이 서려 있어서 기우제를 지내면 응험하지 않은 적이 없다고 한다. 용호의 이름은 이 때문에 얻은 것이고 촌락 역시 이 이름을 얻었으니 이것이 용호의 대략이다.

봄에는 꽃이 피고 여름에는 바람 불며, 가을에는 달이 밝고 겨울에는 눈이 오며, 산에서는 채집하고 물에서는 낚시질하기 좋으니 이것이 좋은 터의 공통된 아름다움이어서 용호에다 괜히 덧붙여 기록하기에는 마땅치 않다. 세상에서 혼잡하게 이익과 봉록에 매어 사는 자들은 본디 옥천이 좋은 걸 알지 못하고, 옥천이 좋다고 하는 자들도 그저 오곡과 뽕나무와 삼이 좋다는 것을 알 뿐이지 용호가 좋은 것을 알지 못한다. 비록 대대로 용호에 사는 자도 또한 다만 산에서 채집하고 물에서 낚시하는 것이 좋다고 알뿐 용호의 좋음에 특이함이 있다는 것을 알지 못한다. 천년 외진 땅에 가령 내가 오두막을 엮어 그 좋음을 다 누릴 수 있다면 그것은 마치 그 사이에 운수가 좋아서일 테니 아아, 또한 특이할 것이다.

지난 시절 강을 따라 복사꽃을 가득 심어 봄날 좋은 시절에 막 피어나고, 비단 같은 물결이 강에서 뒤집히면서 때때로 바람에 날린 꽃잎이 강에 떨어져 물살을 따라 골짜기에서 흘러나가면 사람들은 다 무릉도원이라 의심할 것이다. 불행히도 게으르게 겨우 먹고 사는 자들이 화전을 일구고 마을 사람들은 나에게 이와 같은 말을 해대니 아쉬운 탄식을 금할 수가 없었다. 그렇지만 이것이 흠이 되지는 않는다. 무릉도원이 좋은 것은 본래 복사꽃 때문이지만 복사꽃이 물살을 따라 세상에 나와서 고기잡이 배를 이끌었으니 도리어 무릉도원에 누가 되었다. 시끄러운 세상을 피하는 데에는 복사꽃이 쓸모가 없다. 지금 오히려 천 길이나 되는 노송이 홀로 우뚝 서서 풍상에도 그 절개를 바꾸지 않으니 내가 장차 이를 어루만지며 이리저리 오가면서 영원토록 용호가 좋다고 여기리라.

원문原文

人皆稱沃州好. 沃州固山水之鄕. 而地肥饒. 宜五穀桑麻. 無饑饉之患. 以故. 呰窳偸生者. 多就食焉. 邨墟井落依山水. 往往棊置. 大者數十家.

小者十餘家. 然山者隘. 水者卑. 君子不堪居也. 從沃州北行十許里. 有山綿連不絶. 冒水斗入如島. 水從東南來西北走. 繞岸還注南. 圍山盡一帀. 乃溶溶向西流. 環江流又皆山也. 其中爲丘爲塍. 爲淸池爲平堤. 層巖怪石. 負土而出. 爭爲奇狀者. 殆不可數. 臨江喬木脩林之中. 民居五十餘家. 皆松扉草屋. 是爲龍湖邨. 佳山帳峴. 鎭其東北. 鷗嶺塞其西. 南方豁然中開. 隱隱見半百里外山. 山之環龍湖者. 皆嶄峻於後. 秀麗乎前. 而西南諸峯尤美. 望之翼然高臨. 與人起居飮食. 若相接而不可近者. 西臺也. 蓋從沃以北. 峯巒重疊. 依山水作邨落者. 率不能南望西臺. 而唯龍湖獨然. 水到邨前. 益縈廻而漣漪. 水之西. 有明沙白石. 常如雪如月. 其東有石峯五六. 枕流而削立. 其魁岸倨肆. 屹然爲三角. 而冠諸峯者. 名曰仙人峯. 峯之下. 水涵滀爲深潭. 是曰長湖. 其尾決決巖頭走曰石灘. 其上流亦淺急爲灘. 灘之源. 蕩滴而爲湫. 人言有龍蟠其中. 禱雨暘無不應. 龍湖之稱. 蓋以是而邨亦冒是名焉. 此爲龍湖之大略也. 至夫春宜花. 夏宜風. 秋宜月. 冬宜雪. 山宜採而水宜釣. 寔勝地之通美也. 不當於龍湖瀆記之. 夫世之穰穰爲利祿役者. 固不知有沃州好. 能稱沃州好者. 徒知五穀桑麻好. 而不知有龍湖好. 雖世居龍湖者. 亦徒知採山釣水之爲好. 而不知龍湖之好有異也. 千季(年)地僻. 使吾結廬而專其好. 似若有數存其間. 吁亦異矣. 夫往時沿江. 盛種桃花. 方豔陽節. 錦浪翻江. 時時風吹落江中. 隨流出洞. 人皆疑武陵桃源. 不幸爲呰窳就食者. 赭而爲田. 邨人爲余道如是. 歎惜不已. 然是無傷也. 桃源之好. 固以桃花稱. 而隨水出人間. 引漁郎舟. 不免爲桃源累. 避喧者. 無用桃爲. 今猶千尋老松. 卓然獨立. 不改節於風霜. 吾將撫是而盤桓. 永以爲龍湖好.

출전: 宋明欽, 『櫟泉集』, 「龍湖山水記」

9

황산기유

黃山記遊

유계俞棨

유계(俞棨, 1607~1664): 조선 중기의 문신·학자로, 자는 무중(武仲), 호는 시남(市南), 본관은 기계(杞溪)이다. 병자호란 때 시강원설서(侍講院說書)로서 척화를 주장했다가 화의가 성립되자 척화죄로 임천(林川)에 유배되었다가 풀려 나와 벼슬을 단념하고 금산(錦山)에 들어가 학문에 전념하였다. 이후 주서(注書)로 기용되고 여러 관직을 거쳐 예문관제학(藝文館提學)·대사헌(大司憲)·이조참판(吏曹參判) 등을 지냈다. 성리학과 예론에 정통한 학자로서 사학에도 밝았다. 좌찬성(左贊成)에 추증되었다. 저서로는 『시남집(市南集)』·『여사제강(麗史提綱)』·『가례원류(家禮源流)』 등이 있다. 시호는 문충(文忠)이다.

해제(解題)

「황산[53]기유(黃山記遊)」는 오래된 약속을 지키고자 계사년[1653] 윤7월 21일 유계(兪棨, 1607~1664)가 우재(尤齋) 송영보(宋英甫) 등 여러 사람들과 황산에서 만나 그 주변에서 뱃놀이 하던 것을 기록해 놓은 유람기이다. 작자는 여러 사람들과 함께 화산암(花山巖)에 올라서는 오랜만에 모이게 되어 술을 마시면서 서로 시를 주고받는 것에 대해 자신이 매우 기뻐하는 모습을 기록하였다. 한편 모였던 사람들이 흩어지면서 작자는 유람기 말미에 다시 헤어지는 것에 대해 아쉬워하는 모습이 보이기도 하지만 이후에도 다시 모일 수 있음에 만족하고 있는 모습도 나타난다.

국역(國譯)

계사년[1653] 윤7월 21일에, 우재(尤齋)[54] 송영보(宋英甫)가 연강(燕江)에서 물결을 따라 황산(黃山)의 강원(講院)에 이른 것은 오래된 약속 때문이었다. 나는 마침 동

---

53) 황산(黃山): 현재의 충청남도 논산군(論山郡) 연산면(連山面)에 비정된다. 백제 때의 황등야산현(黃等也山縣)이었는데, 신라의 땅이 된 뒤 757년(경덕왕 16)에 황산군으로 고쳐 진령(鎭嶺)·진주(珍周)의 두 현을 속현으로 삼았다.

54) 우재(尤齋): 송시열(宋時烈, 1607~1689)의 호이다. 송시열의 자는 영보(英甫), 호는 우암(尤庵)·우재(尤齋), 본관은 은진(恩津)이다. 1633년에 생원시험에 장원으로 급제하여 경릉 참봉(敬陵參奉)을 거쳐서 봉림대군(鳳林大君)의 스승이 되었다. 그 뒤 효종, 현종에게 등용되어 이조판서(吏曹判書), 우의정(右議政), 좌의정(左議政)에 올랐다. 서인의 거두로 있으면서 남인과 예론에 대하여 서로 다투기도 하였다. 한때 남인에게 몰렸다가 다시 정계에 나와 이름을 떨쳤으며 서인이 다시 노론과 소론으로 분열되자 노론의 우두머리가 되었다. 1689년에 왕세자 책봉에 반대 상소를 했다가 왕의 노여움을 사서 제주도로 귀양 갔다. 그 뒤 서울로 심문을 받으러 오던 도중 정읍에서 사약을 받고 세상을 떠났다. 그는 주자학의 대가로서 이이(李珥)의 학통을 이어받아 기호학파의 중심인물로 활약했다. 저서로는 『송자대전(宋子大全)』, 『우암집(尤庵集)』, 『송서습유(宋書拾遺)』, 『주자대전차의(朱子大全箚疑)』 등이 있다. 시호는 문정(文正)이다.

峽_{東峽, 강원도 철원}을 구경하다가 때에 맞춰 서둘러 돌아와 이날 포시_{晡時55)}에 도착했는데, 영보는 이미 먼저 그 자리에 와 있었고, 송흥백_{宋興伯}·성백_{誠伯}이 그를 따라왔으며, 윤 백분_{尹伯奮56)}·군빙_{君聘}·길보_{吉甫57)} 세 사람은 노성_{魯城, 충남 논산}에서 이르렀고, 호산_{壺山, 전북 익산} 사또 권 호연_{權浩然58)}·은산_{恩山, 충남 부여}의 사또 이 일경_{李一卿59)}이 또한 앞뒤로 이르렀다. 사방 수백천리의 사람

---

55) 포시(晡時): 이십사시(二十四時)의 열일곱째 시간으로 오후 세 시 반에서 네 시 반까지이다.

56) 백분(伯奮): 윤원거(尹元擧, 1601~1672)의 자이다. 윤원거의 호는 용서(龍西), 본관은 파평(坡平)이다. 어려서부터 총명하고 문장이 뛰어나 이수광(李晬光)의 칭찬을 받았다. 가정에서 학문을 익힌 뒤 1625년(인조 3) 김장생(金長生)의 문하에 들어가 성리학과 예학을 전습하였다. 1633년 생원·진사 양시에 합격해 1635년 성균관재생(成均館齋生)으로 들어갔다. 1636년 병자호란이 일어나자 주전론을 제기했으나 아버지가 강화도에서 순절한 뒤에는 일절 국사를 논하지 않고 재야에 은거, 학문에만 몰두하였다. 여러 차례 청요직에 임명되었으나 끝내 사양하고 나아가지 않았다. 이산(尼山)에서 가난하게 살았지만, 문거(文擧)·선거(宣擧)·순거(舜擧) 등의 종형제와 학문을 연마하고 후생을 가르치는 것으로 즐거움을 삼았다. 특히 시율에 격조가 높았으나 저술은 즐겨하지 않았다. 뒤에 이조참판에 추증되고 연산의 구산서원(龜山書院)에 제향되었다. 시문집『용서문집(龍西文集)』과 부록 합 4권 2책이 전한다.

57) 길보(吉甫): 윤선거(尹宣擧, 1610~1669)의 자이다. 윤선거의 호는 미촌(美村), 본관은 파평이다. 아버지는 대사간(大司諫) 황(煌)이며, 어머니는 창녕성씨로 혼(渾)의 딸이다. 형이 문거(文擧)이며, 아들이 증(拯)이다. 김집(金集)의 문인이다. 1633년 생원·진사시에 합격하고 성균관에 들어갔다. 1636년 병자호란 때 강화도에서 홀로 살아나온 데 대한 자책으로 관직을 맡지 않았다. 1653년 황산서원에서 송시열·유계·권성원(權聖源) 등과 함께 윤휴(尹鑴)의 주자경전주해 변개 문제에 대하여 격론을 벌일 때, 윤선거는 윤휴를 변호하여 송시열과 대립된 견해를 표명했다. 1665년 송시열과 다시 만나, 송시열과 윤휴의 예송 시비를 놓고 재차 논쟁을 벌였다. 1669년 송시열에게 보내는 서신인「기유의서(己酉擬書)」를 작성하여, 남인과 서인간의 당쟁을 지양하는 정견을 제시하면서 윤휴와 허목(許穆)의 등용을 주장했다. 저서로『노서유고(魯西遺稿)』·『계갑록(癸甲錄)』 등이 있다. 시호는 문경(文敬)이다.

58) 호연(浩然): 권성원(權聖源, 1602~1662)의 자이다. 권성원의 초명은 기원(起源), 본관은 안동(安東)이다. 1630년(인조 8) 진사가 되었고 성균관에 들어가 수업 중 동료들과 함께 이이(李珥)·성혼(成渾)의 문묘제향을 상소하였다. 1636년 희릉 참봉(禧陵參奉)이 된 뒤 이듬해부터 직장(直長)·주부(主簿)·감찰(監察)을 거쳐, 1649년 여산군수(礪山郡守)가 되었다. 그 뒤 첨정(僉正)을 거쳐 1658년 창수(倉守)에서 영천군수(榮川郡守)로 나갔다가 병으로 체직되고, 1661년 한성부 서윤(漢城府庶尹)이 되고 이어 선산부사(善山府使)를 역임하였다. 당시 이언적(李彦迪)·이황(李滉)의 문묘제향을 반대했던 정인홍(鄭仁弘)의 주장이 다시 대두되자 다섯 차례에 걸쳐 소를 올려 그 타당함을 주장하였다.

59) 일경(一卿): 이정기(李廷夔, 1612~1671)의 자이다. 이정기의 호는 귀천(歸川), 본관은 한산(韓山)이다. 1639년(인조 17) 진사시에 합격하였고, 1648년(인조 26) 문과에 장원급제하여, 정언(正言), 전적(典籍) 등에 보임되었다. 1656년(효종 7) 수찬(修撰)으로 재직하였을 때 황해도관찰사(黃海道觀察使) 김홍욱(金弘郁)을 신원(伸寃)하였으며, 이후 승지(承旨)·예조참의(禮曹參議)·대사성(大司成)을 거쳐 현종 초 대사간, 이조참의(吏曹參議)가 되었다. 후에 경기도관찰사(京畿道觀察使)가 되었으나 모함을 받고 사직했다. 1671년(현종 12) 대기근 때 한성부좌윤(漢城府左尹)으로 진휼청(賑恤廳)의 제조(提調)가 되어 굶주린 백성들을 구제했다. 저서로는『월파만록(月坡漫錄)』이 전해진다.

들이 4년 동안 수천만 리나 떨어져 있다가 드디어 강산이 맑고 탁 트인 곳에 함께 모여 하루가 다하도록 모임을 마치지 못하였으니, 참으로 진기한 일이요 성대한 모임이었다. 서로 바라보며 웃으니 그 즐거움이 도도하여 마침내 술을 가져오게 하고 밤새도록 이야기를 나누었다.

다음날 아침 일찍 썰물이 져서 배에 올라 가는대로 맡겨 두었더니 잠깐 사이에 화산암(花山巖) 아래에 닿았는데, 층층바위와 늙은 솔이 예전 모습과 변함이 없었다. 여러 사람들이 다투어 배에서 내려 바위에 올랐지만, 나와 영보·백분·호연은 예전에 이미 실컷 놀아서 일부러 서둘러 사양하고 따라가지 않았다. 여러 사람들은 이미 정상에 올라 손을 들어 서로 가리키며 중국을 내려 보려는 뜻이 있었다. 나는 조소를 면하기 위해 변명하는 절구 한 수를 지었는데, 여기에 백분·영보·길보·일경이 저마다 화답시를 지었다. 저물 무렵 우리 네 사람은 배를 매어 놓고 지팡이를 짚고서 화산암 위에 도착했는데, 굽어보고 올려보며 구경하는 사이 강산의 풍경이 예전과는 다르다는 것을 알 것 같았다. 사이좋게 시를 읊고 즐겁게 술을 마셨으니 매우 기분이 좋았다.

뱃사공이 저녁 밀물이 밀려올 것이라고 하여 마침내 술병과 술잔을 거두고 배를 대는 곳으로 돌아오면서 중류에서 노를 저었는데, 아득하여 강인지 바다인지 알 수 없었다. 취한 뒤에 멀리 모래 언덕을 바라보니 검은 일산을 덮은 수레가 다가오면서 급히 사공을 부르는데 급히 부른 사람에게 물어보니 바로 용안龍安, 전북 익산 사또 박 자이朴子以[60]였다. 그들과 함께 배를 타려니 매우 기뻐서 노 젓기를 재촉하여 물가에 배를 대고, 손을 잡

---

60) 자이(子以): 박승건(朴承健, 1609~1667)의 자이다. 박승건의 본관은 밀양(密陽)이다. 1630년(인조 8) 중형(仲兄) 승휴(承休)와 함께 진사가 되고, 1650년(효종 1) 증광문과에 병과로 급제하여 승문원 권지정자(承文院權知正字)에 보임되었다. 성균관 전적(成均館典籍)·예조 좌랑(禮曹佐郎)·병조 좌랑(兵曹佐郎) 등을 거쳐, 정언(正言)·사서(司書)·직강(直講)·예조 정랑(禮曹正郎)을 지냈다. 1664년 9월 상주목사(尙州牧使)로 재직하던 중 관곡을 방출하여 굶주린 백성들을 구제하고 민역(民役)에 충당한 사실로 가자(加資)되었다.

아 배에 태워 술을 청하고 배를 돌려 강 중앙에서 물과 함께 출렁거렸다.

밤이 깊어 돌아와 강원의 누각에 도착하니, 김사정金士正이 또 마침 계룡산에서 도착하여 밤을 새워 마음껏 마시며 별별 이야기를 나누다 보니 날이 밝아 왔는데, 세 사또가 저마다 돌아간다고 하니 의연히 이별의 감회가 있어서 상류와 하류에 있던 두 배를 한데 모아 서로 나란히 묶도록 명하였다. 강 가운데로 나아가 조류를 타고서 강경산江景山을 지나 곧바로 불암佛巖 아래에 이르렀는데 조류가 다하니 다른 곳 같았다. 호연과 자이가 어제의 운에 뒤따라 화답시를 지었고, 영보가 또 『춘추좌씨전春秋左氏傳』의 일곱 사람이 시를 읊은 예[61]를 써보자고 해서 자리에 있던 사람들이 저마다 고시古詩 한 편씩을 읊어 자신의 뜻을 나타내었다.

해가 오시에 가까워 쌍닻을 풀었다. 일경이 세 송 씨와 세 윤 씨를 데리고 상류에 배를 띄워 북쪽으로 가고, 나와 호연과 자이, 사정은 하류에 배를 띄워 남쪽으로 갔는데, 눈 깜빡할 사이에 배가 빨라지고 기슭은 굽이쳐 허용회許用晦[62]의 "뱃노래 한 가락에 배 풀어 띄우니[勞歌一曲解行舟]/붉은 단풍 푸른 산에 물살은 급하네[紅樹靑山水急流]"[63]라는 구절을 앉아서 읊자니 자못 이별하고 싶지 않았다.

61) 일곱 사람……읊은 예: 일곱 사람은 정(鄭)나라 대부 7명이다. 『춘추좌씨전(春秋左氏傳)』 양공(襄公) 5년에 "정백(鄭伯)이 조무(趙武)를 위해 수롱(垂隴)에 가서 연회를 열었는데, 정나라 대부 자전(子展)·백유(伯有)·자서(子西)·자산(子産)·자태숙(子太叔)·인단(印段)·공손단(公孫段)이 수행하였다. 조무가 말하기를 '일곱 분이 그대를 따라온 것은 나를 빛나게 하기 위한 것이니, 일곱 분이 모두 시를 지어 그대가 연회를 베풀어 준 것을 표명해 주셨으면 합니다. 그러면 나 역시 당신네 일곱 분의 뜻을 볼 수 있을 것입니다.' 하였다."라고 하였다. 영보가 일곱 사람이 시를 지어 뜻을 표명한 것처럼 각자의 심회를 읊어 보자고 제안한 것이다.

62) 허용회(許用晦): 용회(用晦)는 허혼(許渾)의 자이다. 장쑤 성(江蘇省) 단양(丹陽) 출신이고, 산수시(山水詩)·회고시(懷古詩)에 명작이 많다. 시집 『정묘집(丁卯集)』이 있다.

63) "뱃노래……급하네": 허혼(許渾)의 「사정송별(謝亭送別)」 전문은 다음과 같다. '뱃노래 한 가락에 배 풀어 띄우니[勞歌一曲解行舟]/푸른 산에 붉은 단풍 물살은 급하네[紅葉靑山水急流]/해 지고 술 깨니 그대 이미 떠나고[日暮酒醒人已遠]/비바람 속에서 서쪽 누각 내려오네[滿天風雨下西樓]'

배를 돌려서 화산암에 배를 대어 호연과 사정이 돌아가고, 또 서쪽으로 내려가 삼송정三松亭에 배를 대어 자이가 돌아갔다. 더없이 창망하여 다시 절구 한 수를 읊어 두 사또에게 주고 홀로 칠산七山으로 돌아오니 해가 막 지는 중이었다. 피곤해서 집에 누워 어제의 뱃놀이를 회상하니 갑자기 한바탕 꿈인 것 같았다.

아아! 인생은 본디 물거품일 뿐이다. 모이면 진실로 흩어지지 않을 수 없고, 흩어지면 진실로 꼭 다시 모인다고 할 수 없기 때문에 지금까지 이렇게 헤어져 있다가 이번에 이렇게 모일 수 있었다. 이번 유람은 다행스러운 것이지 아쉬운 것이 아닌데도 오히려 또 연연하여 보내지 않는다면 또한 만족할 줄 모르는 것이 아니겠는가. 하물며 강산은 변함이 없고 우리도 별 탈이 없이 지내다가 편지 한 통에 서로 모여 이틀이나 묵을 수 있었으니 이 또한 마음에 걸릴 게 없다. 참으로 생각하고 생각하는 사이에 호연浩然이 편지를 보내 배 위에서 읊었던 시의 초고를 보여주면서 나에게 몇 마디 지어달라고 하였다. 이윽고 또 군빙君聘이 절구 두 수를 뒤따라 차운하여 시통에 넣어 보내면서 마치 호연처럼 자꾸 재촉하니 마침내 붓을 들어 기록하고, 스스로 감개하고 위로하는 바를 덧붙여 호연에게 답장하고, 겸하여 함께 노닌 여러 현사들에게 보내어 다른 날 다시 만나 한바탕 웃음거리로 삼으려고 한다.

원문原文

癸巳之閏七月生魄後五日. 尤齋宋君英甫. 自燕江順流. 抵黃山之講院. 蓋宿約也. 余適理筇東峽. 剋期遄返. 以是日晡時至. 英甫已先在座. 宋

君興伯誠伯實從之．尹君伯奮君聘吉甫三賢．自魯城至．壼山權使君浩然．
恩山李使君一卿．亦先後至．以四方數百千里之人．四年數千萬里之別．
而乃能簪盍於江山清曠之地．不終日而畢會．眞奇事也．抑盛會也．相視
而笑．其樂陶然．遂命酒作永夕話．翌朝早潮退．登舟聽所如．俄泊花山
巖下．層巖老松．宛然舊面目．諸賢競捨舟登巖．余與英甫．伯奮．浩然．
昔遊已飫．且疾作辭不從．諸賢既登絶頂．舉手相指．有齊州俯視意．余
爲作一絶以解嘲．於是伯奮英甫吉甫一卿．各有屬和．向晚．余輩四人
者．復維舟杖策．偕到上面．俛仰之間．江山光景．似覺與昔年別．相與
嘯詠酣暢．甚適意也．篙師告暮潮上．遂撤壺觴返舟次．蕩槳中流．渺然
有江海相忘之意．醉後遙望沙岸．有皁蓋行招招而至．使疾呼者問之．乃
龍安使君朴子以也．同舟喜甚．催棹泊磯頭．携手共載．添酒回舡．蕩漾
中江．夜黑．還到院樓．金生士正．亦適自雞嶽至．通宵縱飲劇談．天既
曙．三使君各以歸期告．依然有別離之感．乃命裝．上下水兩舡．用纜縛
其東西方．之江中乘潮過江景山．直至佛巖下．以潮盡爲別處．浩然子以
追和昨日韻．英甫復議用左氏七子賦詩例．座客各賦古詩一篇以見志．日
近午．雙纜解．一卿携三宋三尹．浮上水而北．余與浩然子以士正．浮下
水而南．瞥然之際．舟迅岸轉．坐詠許用晦勞歌一曲解行舟．紅樹靑山水
急流之句．殆不能爲懷也．歸檣泊花巖．浩然士正歸．又西下泊三松亭．
子以歸．尤不堪悵望．復吟一絶．以贈兩使君．孤舟返七山．日正高春矣．
憊伏蓬廬．回思昨遊．蘧然似一夢覺．噫．人生本浮漚耳．聚固不能無
散．散固未必重聚．以向來如許之散．得今日如許之聚．茲遊也．可幸不
可歎．而猶且眷眷然不能遣者．無亦不知足者耶．況江山無恙．吾輩健在．
一書徵會．信宿可辦．茲又不足介介也．政爾念念間．浩然書來．示以舟
中賦詩草稿．要余題數語．既又君聘寄筒．有追次二絶．敦迫如浩然．乃

援筆記之. 繼以所自感慨慰解者. 以復浩然. 兼奉並遊諸賢. 以爲異日重
逢一笑張本.

10

유관산기

遊冠山記

이희석 李僖錫

이희석(李僖錫, 1804~1889): 자는 효일(孝一), 호는 남파(南坡), 본관은 인천이다. 전라도 장흥 출신으로 기정진(奇正鎭)의 문하에서 수학하였다. 77세에 진사시에 합격하여 조정에서 우로(優老)의 대우를 하고 통정대부(通政大夫)의 품계를 내렸다..

해제解題

「유관산기遊冠山記」는 이희석李僖錫, 1804~1889이 위경범魏敬範 등 여러 사람들과 함께 천관산天冠山을 유람하고 남긴 기록이다. 작자는 천관산이 비록 그 높이가 무등산無等山의 삼분의 일 밖에 안 되는 작은 산이지만 중국의 오악五岳과 삼산三山에 견주고 있다. 또한 작자인 이희석은 천관산에 오르기에 앞서 사산獅山을 유람했으나 여흥을 다하지 못했었는데, 천관산을 유람하면서 앞서 만족하지 못했던 여흥을 다 거두어들이고 있다.

국역國譯

고금에 명산을 말하는 자들이 중국에는 오악五岳[64]이요 중국 밖에는 삼산三山[65]이라 하는데, 비록 그렇다고 하더라도 이는 모두가 용 고기[66]와 다름없다. 중국 사람은 삼산을 보지 못하고 중국 밖 사람은 오악을 보지 못하니, 드넓은 하늘 아래 세상의 끝까지 떠도는 자가 아니라면 이 둘을 겸비할 수가 없다.

호남의 산은 서석산瑞石山으로 조종祖宗을 삼고 그 다음이 서쪽으로 월악산月岳山이며 그 다음이 남쪽으로 천관산天冠山[67]이어서 모두 서석산의

---

64) 오악(五岳): 중국의 다섯 명산으로, 태산(泰山)·숭산(嵩山)·형산(衡山)·화산(華山)·항산(恒山)을 가리킨다.

65) 삼산(三山): 신선이 산다는 삼신산(三神山)을 말한다. 삼신산은 봉래(蓬萊)·방장(方丈)·영주(瀛州)로 자라 등 위에 얹혀서 바다에 떠 있다는 전설이 전한다.

66) 용 고기: 용 고기는 지극히 귀한 진수성찬이지만 구할 수 없는 것이다. 곧 이상적인 이론을 지향한답시고 공리공담만을 일삼는 것을 가리킨다.

67) 천관산(天冠山): 전라남도 장흥군 관산읍(冠山邑)과 대덕읍(大德邑) 경계에 있는 산으로 높이는 723m이다. 천풍산(天風山)·지제산(支提山)이라고도 한다. 1998년 10월 13일 도립공원으로 지정되었다. 지리산(智異山)·월출산(月出山)·내장산(內藏山)·내변산(內邊山)과 함께 호남 지방의 5대 명산 가운데 하나이다. 수십 개의 봉우

아들이나 손자뻘 산이다. 천관산은 남해 가를 가로질러서 자리 잡고 있는데, 둘레는 수십 리이고 높이는 무등산의 삼분의 일 정도로 특히 작은 산이지만 그 안에 오악의 본색을 갖추고 있어서, 바위 골조가 층층이 쌓인 것은 봉래산이 정수를 전한 것이요, 연기와 안개를 마시고 내뱉는 것은 두류산이 모습을 바꾼 것이며, 바다에 걸터앉은 것은 한라산과 같은 모양이다.

비록 그러하지만 멀리 호남의 적막한 바닷가에 있어서 단군과 기자가 터를 잡은 지 4천년 동안 이름을 알린 자가 한 사람도 없으니 이는 또한 기다리는 자가 있어서 그런 것일까, 그 기다리는 자가 또 기다리는 것이 있어서 그런 것일까. 내가 미수眉叟 허목許穆과 삼연三淵 김창흡金昌翕의 유집을 보았는데 일찍이 그 꼭대기에 오른 적이 있건만 산 아래에 사는 사람 중에 한 사람도 주인 노릇을 하며 이들을 대접한 자가 없었으니 혹시 있었는데 빠진 것일까. 알 수가 없다.

근래에 돌아가신 위 계항魏桂巷[68] 공이 여기 남방에서 떨쳐 일어나 우뚝한 문장과 학술로 이곳을 나라의 큰 고을이 되게 하여, 여응종呂應鍾[69]이 "동국에 산으로는 천관산이 있고 사람으로는 위덕의魏德毅[70]가 있다."라고

리가 하늘을 찌를 듯이 솟아 있는 것이 마치 천자(天子)의 면류관과 같아 천관산이라는 이름이 생겼다고 한다.

68) 위 계항(魏桂巷): 위백규(魏伯珪, 1727~1798)를 말한다. 그의 자는 자화(子華), 호는 존재(存齋)·계항(桂巷)·계항거사(桂巷居士). 본관은 장흥(長興)이다. 어려서부터 제가서(諸家書)를 탐독해 학문적 자세를 굳힌 그는 향리의 장천재(長川齋, 장흥의 관산면 방촌리)에 기거하면서 면학과 교화의 일익을 담당했고, 1750년(영조 26) 학행으로 향천(鄕薦)을 받기도 하였다. 1751년 스승 윤봉구(尹鳳九)를 만나 그 뒤 1766년까지 경서·의례·이기심성론(理氣心性論)에 관한 논의를 통해 학문적 계도를 받았다. 과거에 계속 응시했으나 떨어졌고, 그 뒤 1794년(정조 18) 68세 때 서영보(徐榮輔)의 천거로 저술과 덕행이 정조에게 알려져 선공감부봉사(繕工監副奉事), 기장(機張)·태인(泰仁)·옥과현감(玉果縣監), 장원서별제(掌苑署別提)·경기전령(慶基殿令) 등을 차례로 지냈다. 학통은 이이(李珥)·김장생(金長生)·송시열(宋時烈)·권상하(權尙夏)·윤봉구로 이어지는 노론계이나, 향촌 생활을 통해 형성된 강한 현실 비판 의식이 저술에 나타나고 있어 학문적 성격은 경세적 실학의 색채가 짙다.

69) 여응종(呂應鍾): 임진왜란 때 우리나라에 파견되어 온 명나라 장수이다.

70) 위덕의(魏德毅, 미상~1613): 자는 이원(而遠), 본관은 회주(懷州)이다. 1573년(선조 6) 계유(癸酉) 식년시(式年試) 생원(生員) 3등 51위로 합격하였다. 임진왜란 때에 임금이 있는 의주(義州)까지 걸어와 통곡하여 명나라 장수 여응종(呂應鍾)이 감탄을 금치 못했다고 전한다. 조정에서 이를 가상히 여겨 형조좌랑(刑曹佐郎)을 내렸

한 후에 다시 위 계항 공이 있었던 것이다. 나는 한미한 고을에서 늦게 태어나 가까이 두 분 곁에서 살았는데도 친히 그 가르침을 받지 못한 것을 한스럽게 여겨 구룡봉九龍峰 꼭대기에서 소리 내어 노래하며 배회하였다.

이번 봄에 윤성允性 형 및 벗 위경범魏敬範과 함께 사산獅山을 유람했지만 여흥이 다하지 않았다. 다시 금곡金谷에 사는 몇 사람들과 천관산으로 갈 약속을 맺고 그날로 행장을 꾸려 옥동玉洞으로 들어갔는데, 경범은 미리 술과 안주를 준비하고 3일치 양식을 지니고서 구정암九精菴에서 묵고 있었다. 다음날 맥우麥雨가 막 개어 산 기운이 매우 좋아서 마침내 굽은 몸을 이끌고 구정암의 좌측으로 산에 올라 그윽한 곳과 기이한 경물을 찾으니 이전에 마치지 못했던 일을 모조리 거두어들이게 되었다.

노봉爐峯에 머물러 하루 종일 있다가 돌아오니 양 숙자가 현산에서 노닐었다는 탄식[71]을 내가 면하기 어렵지만, 아득한 과거와 이어질 먼 미래에서 된서리가 백번이나 겹친 후에 혹시 나와 뜻을 같이 하는 자가 있어서 이 기록을 읽고 감흥을 일으키는 자가 있을지 알 수 있겠는가. 저 사찰의 흥폐와 기이한 소문이나 사적 같은 것은 계항 공의 「지제기支提記」 안에 다 갖추어져 있으니 여기에는 다시 덧붙이지 않는다.

다. 전란이 끝난 후에는 진원현감(珍原縣監)에 제수되었으나 나이가 많아 부임하지 못하였다. 고향에서 후학을 양성하며 만년을 보냈다.

71) 양 숙자가……탄식 : 진(晉)나라 양호(羊祜)의 자가 숙자(叔子)이다. 그는 양양(襄陽)에 주둔하면서 덕을 베풀었는데 양양 남쪽에 현산(峴山)이 있다. 현산은 비록 높고 웅장하지는 않지만 양호 때문에 널리 알려졌다. 『태평어람(太平御覽)』 권43 「십도지(十道志)」에 양호가 항상 이 현산에 올랐는데 많은 사람들이 이 산을 등람했으나 잘 알려지지 않았기에 자신이 죽은 후에 이 산의 신령이 되겠다고 눈물을 흘리며 말했다는 기록이 있다.

古今談名山者. 中國曰五岳. 海外曰三山. 雖然. 皆龍肉也. 中國之人.
不見三山. 海外之人. 不見五岳. 除非汗漫九垓浮游八極之人. 則不能兼
之矣. 湖南之山. 以瑞石爲宗. 差西則月岳. 差南則天冠. 皆其兒孫也.
天冠爲山. 截在南海之澨. 周回數十里. 高可三分之一. 特其小者也. 其
中具五岳本色. 石骨稜層. 則蓬萊傳神也. 吐納烟霧. 則頭流幻形也. 橫
跨滄溟. 則漢拏同坐也. 雖然. 遠居湖海寂寞之濱. 檀箕四千年. 無一人
著名於其間. 此亦有待而然耶. 其所待又有所待而然耶. 余見許眉叟金三淵
遺集. 亦嘗登臨其絶頂. 而山下居人無一人所爲主者. 其或有之而闕之耶.
此未可知也. 近故有桂巷魏公. 奮起南服. 文章學術. 屹然爲斗南之巨鎭.
呂應鍾所謂東國山有天冠山. 人有魏德毅之后. 更有其人也. 余以寒鄕晚
出. 近居二公之傍. 恨不親執杖屨. 嘯詠徘徊於九龍頂上也. 今春與允性
兄魏友敬範. 作獅山之行. 餘興未盡. 更與金谷數君子. 脩天冠之約. 卽
日治裝. 入玉洞. 敬範豫備酒肴. 持三日糧. 宿九精菴. 明朝麥雨初晴.
山氣甚佳. 遂與提携傴僂. 自九精左脇而上. 尋幽剔奇. 收殺前日未了之
案. 止于蘆峯. 盡日而歸. 叔子峴山之歎. 余所難免. 而千古在前. 萬古
在後. 安知重霜百㤼之後. 或有與我同志之人. 覽斯記而興感者乎. 若其
寺刹興廢. 奇聞異跡. 備在桂巷公支提記中. 玆不復贅云.

출전: 李僖錫, 『南坡集』, 「遊冠山記」

11

금골산록

金骨山錄

이주 李胄

이주(李冑, 1468~1504): 자는 주지(冑之)이고 호는 망헌(忘軒)이며, 본관은 철성(鐵城)이다. 점필재(佔畢齋) 김종직(金宗直)에게 배웠다. 1488년(성종 19) 별시문과에 을과로 급제하였고 서거정(徐居正)의 천거로 호당(湖堂)에 뽑혔다. 1498년(연산군 4) 무오사화(戊午士禍) 때 김종직의 문인으로 몰려 진도로 귀양 갔다가 사면되어 정언(正言)이 되었지만, 1504년 갑자사화(甲子士禍) 때 윤서인(尹庶人, 연산군의 생모 윤씨)의 복권을 반대하다가 김굉필(金宏弼)·정함근(鄭誠謹)·조지서(趙之瑞)·이극균(李克均)·윤필상(尹弼商)·성준(成俊)·박은(朴誾)·홍귀달(洪貴達) 등과 함께 처형되었다. 중종 즉위 후 절의를 기려서 정문(旌門)이 내려졌으며, 도승지(都承旨)에 추증되었다. 문집으로 『망헌유집(忘軒遺集)』이 있고, 시호는 충원(忠元)이다.

해제(解題)

「금골산[72]록金骨山錄」은 이주李胄, 1468~1504가 금골산에서 위험한 곳인 상굴(上窟)에 올라갔다가 내려온 것을 기록으로 남긴 것이다. 그 기록에는 이주가 무오년1498, 연산군 4에 죄를 지어 진도로 귀양을 갔던 일과 이후 그는 임술년1502, 연산군 8의 사면령 대상에 자신이 포함되지 않은 것에 대해 스스로를 나무라면서 금골산의 상굴에서 생활하였다고 적혀 있다. 하지만 이주는 군의 태수太守 이세진李世珍을 비롯한 두 세 사람의 만류로 인해 자신의 그릇된 생각과 행동을 뉘우치면서 상굴에서 내려온다. 한편, 그때 함께 상굴에 올라 생활했던 언옹彦顒·지순知純 두 승려의 권유로 금골산에 대한 기록을 남겼다고 한다.

국역國譯

금골산金骨山은 진도珍島 관아에서 서쪽으로 20리 떨어져 있다. 산은 중앙에 있는 봉우리가 가장 높은데, 4면 모두가 돌로 되어 있어서 멀리서 바라보면 마치 옥부용玉芙蓉 같다. 서북쪽은 바다와 접하고, 지맥地脈이 꿈틀거리며 남쪽으로 2리 정도 달려가 간점艮岾이 되며, 또 동쪽으로 2리 정도 가서 용장산龍莊山이 되었다가 벽파碧波 나루에 이르러 그친다.

산 둘레는 대략 30여 리이다. 산 아래에는 해원사海院寺라는 큰 가람의

---

72) 금골산(金骨山): 전라남도 진도군 군내면 둔전리에 위치한다. 해발은 193m에 불과하지만, 산 전체가 거대한 바위로 되어 있으며, 수십 길 절벽에는 층층바위를 이룬 곳 구멍이 숭숭 뚫린 곳이 있는가 하면 보는 방향에 따라 사람 또는 짐승으로 연상케 하는 기암괴석들이 산 전체를 수놓고 있다. 산 정상 부근과 중간에 석굴 3개가 있는데 정상 부근 석굴에는 금골산 마애여래좌상(전라남도 문화재자료 제110호)이 있다. 산 동쪽에 사리암이라는 암자가 있고, 산 아래 위치한 초등학교 교정에 금골산 5층 석탑(보물 제529호)이 있다.

옛 터가 있으며, 절터에는 9층 석탑石塔이 있고 탑 서쪽에는 폐기된 우물이 있다. 산 위에는 3개의 굴이 있다. 제일 아래 있는 것이 서굴西窟로 산 서쪽 기슭에 위치하는데 언제 만들어졌는지는 알 수 없다. 근래에 일행一行이란 중이 향나무로 16나한상을 만들어 굴 안에 모셔 놓았다. 굴 옆에 별도의 오래된 절집 6~7칸이 있어 중들은 그곳에서 거처한다.

굴 가운데 가장 위에 있는 것이 상굴上窟이다. 굴은 중앙 봉우리 정상부의 동쪽에 있는데, 비스듬한 절벽은 몇 천 길인지 알 수 없으며 원숭이의 민첩함으로도 오갈 수 없다. 동쪽에는 부여잡거나 발붙일 곳이 없으며, 서굴을 경유하여 동쪽으로 올라가는 것도 길이 매우 위험하다. 벼랑에 붙어 돌을 돌아 조금씩 나아가기를 1리쯤 하면 바위 봉우리가 우뚝 솟아 있는데, 새처럼 날아서 오를 수 없는 까닭에 돌을 쌓아 13계단을 만들어 놓았다. 내려다보면 바닥이 보이지 않아 마음과 눈 모두를 어질어질하게 하는데, 이곳을 올라가면 정상이다. 정상에서 동쪽으로 돌아 내려가기를 30보쯤 하면 마루턱 바위를 파서 오목하게 만들어 발을 붙이고 오르내릴 수 있도록 하였는데, 오목한 것은 모두 12개이다. 이곳에서 10여 보를 내려가면 상굴인데, 다시 북쪽 바위로 몇 걸음 가면 또 마루턱 벼랑을 파서 허공에 기대어 집을 얽어 놓았다.

동쪽으로 곧장 8, 9보쯤 내려가면 동굴東窟인데, 앞마루와 주사廚舍는 모두 비바람에 허물어졌다. 굴 북쪽 벼랑에는 미륵불彌勒佛을 새겨 놓았는데, 지난날 군수郡守 유호지柳好池[73]가 만든 것이다. 절에 전해 오기를, "이 산이 옛날에는 신령스런 영험이 많았고 매년 서광瑞光 비추는 기이함을 보였으며, 전염병이나 장마, 가뭄에 기도하면 반드시 효험이 있었는데, 미륵

---

73) 유호지(柳好池): 본관은 고흥(高興)이다. 이시애(李施愛)의 난 때 공(功)이 있어 정국공신(靖國功臣)으로 형조판서(刑曹判書)에 이르고 흥양군(興陽君)에 봉해졌다. 1469~1472년 동안 진도군수(珍島郡守)를 지내면서 금골산에 마애여래좌상을 조성했다고 한다.

불을 새겨 놓은 뒤부터는 산이 다시 서광을 비추지 않았으니, 유씨는 만약 외도外道꾼 김동金同과 같은 부류가 아니라면 반드시 산 귀신을 누르는 사람일 것이다."라고 하는데, 그 말이 황당하지만 또한 들을 만은 했다.

무오년1498, 연산군 4 가을에 나는 죄를 짓고 이 섬으로 귀양을 왔다. 그해 겨울에 이 산을 둘러보며 이른바 삼굴三窟이 있다는 것을 알고서 마음에 기억해 두었다. 4년이 지난 임술년 가을 9월에 왕세자王世子74)를 책봉冊封하고, 이날 나라에서 큰 사면赦免을 베풀었는데, 유독 무오년에 죄를 지은 벼슬아치는 용서받지 못했다. "사군자士君子가 이 세상에 태어나면 반드시 충효忠孝를 마음에 품는데, 지금 나는 죄악이 매우 무거워서 조정에 버림받은 몸이 되었다. 신하 노릇을 하고 싶어도 임금에게 충성할 수도 없고, 자식 노릇을 하고 싶지만 부모에게 효도할 수도 없으며, 형제·붕우·처자가 있지만 또한 형제·붕우·처자의 즐거움을 누리지 못하니, 나는 사람도 아니다."라고 스스로를 나무라자니, 어느덧 세상을 살아갈 뜻이 더욱 없어졌다.

어느 날, 동자에게 한 통의 술을 들리고 외로이 길을 떠나 서굴西窟에 들려서 중 언옹彦顒과 지순知純을 데리고 곧장 상굴에 도착했다. 굴은 불전佛殿과 재주齋廚를 아울러 모두 2칸인데, 비어둔 지가 오래되어 거처하는 중도 없었으며, 낙엽이 문을 가리고 모래 먼지가 방에 가득하였으며, 산바람이 휩쓸고 지나가고 바다 안개가 스며들어 후덥지근한 기운이 가득해서 거처할 수가 없었다. 그래서 모래 먼지를 쓸어내고 창과 벽을 바르고 나무를 베어 아궁이에 불을 때고, 문을 열어 환기를 시켰다. 낮에는 밥 한 사발을 먹고, 아침저녁으로는 차 한 잔을 마시며, 닭 울음소리를 든

74) 왕세자(王世子): 연산군의 세자 황(皇+貴)을 가리킨다. 아명은 금돌이(金乭伊)이고, 1502년 왕세자에 책봉되었다. 그러나 1506년 중종반정으로 연산군이 폐위되면서 폐세자가 되었고, 같은 해 정선(旌善)으로 유배되었다가 사사(賜死)되었다.

고 새벽인줄 알고 앞바다의 조수潮水를 보고 시간을 짐작했다. 침식寢息을 마음대로 하고 동작動作을 편한 대로 따르며, 다섯 가지 게偈[75]를 지어 지순에게 매일 밤을 다섯으로 나누어 하나씩 외우게 하고 누워서 들으니, 나름대로 하나의 기이한 정취였다.

이렇게 달포를 지내자니, 군의 태수太守 이세진李世珍이 술을 가지고 와서 위로하며, "이곳은 매우 위험하니, 빨리 내려가도록 하시지요. 만약 중들과 더불어 소일하고 싶다면 서굴이 적당합니다."라고 하였다. 최탁경崔倬卿과 박이경朴而經도 편지를 보내어 "듣자니 그대가 상굴에서 위태롭게 지낸다고 하는데, 명命을 아는 군자가 행할 바가 아니네."라고 하였다. 손여림孫汝霖도 서울에서 어명을 받들어 백성의 정황을 살피려고 왔다가 두 세 사람의 생각을 얘기해주면서 또 심하게 나를 나무랬다. 내가 "친구가 좋은 뜻으로 나무라는 것은 나를 욕보이는 것이 아니네. 내가 몹시 어리석어서 애당초에 명리名利의 길이 구절양장九折羊腸보다 험한 것인 줄도 모르고 쉬지 않고 가다가 내 수레를 뒤엎고 말았다. 그런데 지금 또 이 굴에 거처하면서도 위험한 줄을 모르니, 만에 하나 잘못하여 부모님이 물려주신 몸을 훼손시킨다면 이보다 더 큰 불효가 어디 있겠는가."하고, 지순과 언옹 두 스님에게 돌아갈 것을 알렸다.

산을 내려오는데, 두 스님이 나를 배웅하여 해원사 석탑에 이르러서 "산승山僧의 발길은 구름 같아서 한 곳에 머물지 않습니다. 후侯께서도 또한 멀지 않아 임금의 은혜를 입게 되면 다시 이 금골산에 오실 일이 없을 것인데, 어찌 훗날 거울이 될 만한 말씀을 남기지 않는지요?"하였다. 내가 "스님 말처럼 하는 것이 옳겠군요. 『여지승람輿地勝覽』을 살펴보니, 이 섬

---

75) 다섯 가지 게(偈): 청송게(靑松偈), 낙엽게(落葉偈), 조게(潮偈), 백운게(白雲偈), 죽게(竹偈)로 불교의 게송(偈頌)을 본 뜬 것이다

의 명산에 금골산이 기록되어 있지 않고, 사찰에도 삼굴이 실려 있지 않습니다. 이것은 『여지승람』 판적版籍에서 빠트린 것으로 금골산의 큰 불행입니다. 지금 두 스님의 말에 따라 금골산을 기록해서 뒷날 이 기록을 보는 사람들로 하여금, 이 섬에 금골산이 있음과 산속에 삼굴이 있는 것을 알게 하고, 또 두 스님과 노부老夫가 함께 굴에서 거처했던 것을 알게 한다면, 장차 오늘의 일이 옛일이 되지 않겠는가?"하니, 두 스님이 "예, 그렇겠군요."하였다.

날마다 지은 약간의 글들을 함께 수록하여 마침내 『금골록金骨錄』을 만들어 서굴에 보관하게 했다. 산에서 대략 23일을 지냈다. 홍치弘治 임술년 1502, 연산군 8 겨울 10월에 철성鐵城 이주李胄가 기록하다.

원문原文

金骨山. 在珍島郡治西二十里. 中岳峻岋. 四面皆石. 望之若玉芙蓉. 西北抵海. 坤支蜿蜒. 南騖可二里而爲艮岾. 又東可二里而爲龍莊山. 至碧波渡而止. 山之周圍. 凡三十餘里. 下有大伽藍古基曰海院寺. 有石塔九層. 塔西有廢井. 上有三窟. 其最下者曰西窟. 窟在山之西麓. 創始不知何代. 近有僧一行. 造香木塑像十六羅漢. 安其窟. 窟之傍. 別有古刹六七楹. 緇徒居之. 其最上者上窟. 窟在中岳絶頂之東. 仄崖絶壁. 不可以仞. 猿猱之捷. 尚不能度. 自東無有攀緣着足地. 由西窟而東上. 路極危險. 緣崖轉石. 寸寸而前. 可一里. 石峯斗起. 不可飛度. 累石爲層梯者十三級. 下視無底. 心目俱眩. 上此則爲絶頂. 自絶頂迤東而下. 可三十步. 鑿巓岩爲凹. 而黏足上下者十二凹. 下此十餘步. 爲上窟. 又其

北岩行數步. 又鑿顚崖. 憑虛架空. 向東直下者八九步. 而爲東窟. 前楹
廚舍. 皆爲風雨頹圮. 窟北崖嶄成彌勒佛. 古郡守柳好池所創. 僧家相傳.
此山古多神驗. 每年能放光示異. 疫厲澇旱. 凡有祈禱必應. 自嶄彌勒成.
而山無復放光. 彼柳也若非外道金同者流. 必是壓山鬼人. 其言厖幻. 亦
足可聽. 歲戊午秋. 胄以罪謫來島上. 其冬. 遍觀此山. 得所謂三窟者.
心記之. 越四年壬戌秋九月. 冊封王世子. 是日. 大赦國中. 獨戊午一時
被罪縉紳之士. 不在原例. 余私自訟曰. 士君子生斯世. 必以忠孝自期.
今我罪惡深重. 爲聖朝棄物. 欲爲臣而不得忠於君. 欲爲子而不得孝於親.
有兄弟朋友妻子. 而又不得兄弟朋友妻子之樂. 吾非人類也. 忽忽益無人世
意. 一日. 佩童子一榼酒. 踽踽然行投西窟. 携衲子彥顒智純. 直抵上窟.
窟倂佛殿齋廚. 總二間. 空曠年多. 無有居僧. 落葉塡門. 塵沙滿房. 山
風觸之. 海霧侵之. 霾陳瘴積. 不可堪處. 於是. 掃塵沙塗牖壁. 斬木爨
竈. 啓戶通氣. 日中飯一盂. 晨昏茶一椀. 將鳴鷄以聽曉. 察前潮而候時.
寢息聽意. 動作隨便. 作五偈. 令智純每夜分唱五更. 臥而聽之. 亦一奇
勝也. 如是者半月. 郡太守李君世珍氏. 持泡酒來慰. 且言曰. 此地極危.
可速下. 若欲與方外僧同消遣. 則宜西窟. 崔君倬卿朴君而經氏抵書云. 聞
君投上窟. 蹈不測之危. 非知命君子之所爲也. 孫君汝霖. 自京師. 奉聖
旨來咨民瘼. 將二三子之意. 且極詆余. 余曰. 朋友責善. 非欺我也. 我
愚騃. 初不知名途之險於九折. 行且不息. 以敗吾車. 今又居是窟而不知
險. 萬一有跌. 以殘父母之遺體. 則不孝之大也. 告歸於智彥兩師. 將下
山. 師送余至海院塔下曰. 山僧蹤跡. 如雲無鄕. 何有住着. 侯亦朝夕蒙
恩. 其復處此金骨歟. 盍盡一言以爲後日面目乎. 余曰. 師之言. 因可書
也. 且攷諸輿地勝覽. 於此島名山. 金骨不錄. 於佛宇. 三窟闕載. 此聖
明版籍之所闕失也. 金骨之大不幸也. 今因兩師之言而錄金骨. 使後之觀

是錄者. 知此島有金骨山. 山中有三窟. 又知兩師之與老夫居窟. 則將不自今而作古歟. 兩師唯唯. 幷錄隨日所得若干篇. 遂書爲金骨錄. 以遺西窟云. 在山凡二十三日也. 時弘治壬戌冬十月. 鐵城李胄之. 錄.

出전: 李胄, 『忘軒遺稿』, 「金骨山錄」

12

두륜유기

頭輪遊記

홍석주洪奭周

홍석주(洪奭周, 1774~1842): 자는 성백(成伯)이고 호는 연천(淵泉)이며, 본관은 풍산(豊山)이다. 1795년(정조 19) 전강(殿講)에서 수석을 해 직부전시(直赴殿試)의 특전을 받고, 그 해 춘당대문과에 갑과로 급제하여 이조참의(吏曹參議)·병조참판(兵曹參判)·충청도관찰사(忠淸道觀察使)·대제학(大提學)·좌의정(左議政) 등을 역임하였다. 지위가 정승에 이르렀는데도 겸허해 처하기를 평민과 같이하였고, 시서역예(詩書易禮)의 교훈과 성명이기(性命理氣)의 철학에 달통하였다. 저서로는 『연천집(淵泉集)』·『학해(學海)』·『영가삼이집(永嘉三怡集)』·『동사세가(東史世家)』·『학강산필(鶴岡散筆)』 등이 있다. 시호는 문간(文簡)이다.

해제解題

　「두륜유기頭輪遊記」는 홍석주洪奭周, 1774~1842가 두륜산 정상에 오른 일과 대둔사大芚寺, 현 대흥사의 기이한 볼거리에 대해서 적은 기록이다. 특히 작자는 대둔사와 휴정대사休靜大師 사이의 관계에 대해서 기록해 두었는데, 휴정대사가 입적入寂 하기 전 법통을 이어받은 제자가 없는 대둔사에 그의 유품을 보관하려는 연유와 휴정대사의 충성과 지혜를 크게 칭송하는 모습들이 적혀 있다.

국역國譯

　내가 남쪽으로 갈 때에 한강을 건넜고 금강錦江은 가로질렀으며, 광탄廣灘에서는 뱃놀이를 하였고 사호沙湖[76]에서는 한가롭게 노닐었는데, 두륜산頭輪山[77] 정상에 올라 남해를 굽어본 후에 지금까지는 애당초 물을 본 것이 아니었음을 알게 되었다. 사찰은 도갑사道岬寺[78]를 보고 절집의 아름다

76) 금강(錦江)……사호(沙湖): 금강은 전라북도 장수군(長水郡) 장수읍(長水邑)에서 발원하여 서해의 군산만(群山灣)으로 유입하는 데, 조선시대 기록에는 전라남도 담양군 용면 용연리 용추봉(龍湫峯, 560m)에서 발원하여 광주광역시, 나주시, 목포시를 지나 서해로 유입하는 영산강(榮山江)을 칭하기도 하였다. 영산강은 장성에서 광주 광산구까지는 황룡강(黃龍江), 광주시 구간은 극락강(極樂江), 나주의 동쪽으로 현재 나주대교 부근은 광탄(廣灘), 무안군 앞은 사호강(沙湖江)으로 구간에 따라 다양하게 불리고 있다.

77) 두륜산(頭輪山): 전라남도 해남군 북평면과 삼산면, 북일면에 걸쳐 있다. 이 산은 주봉인 가련봉(迦蓮峰, 703m)을 비롯하여, 두륜봉(頭輪峰, 630m)·고계봉(高髻峰, 638m)·노승봉(능허대 685m)·도솔봉(兜率峰, 672m)·혈망봉(穴望峰, 379m)·향로봉(香爐峰, 469m)·연화봉(蓮花峰, 613m) 등 8개의 봉우리로 이루어졌으며, 1979년 12월 두륜산도립공원으로 지정되었다. 원래 대둔사(大芚寺)의 이름을 따서 대둔산이라 칭하다가 대둔사가 대흥사(大興寺)로 바뀌자 대흥산으로 불리기도 하였다. 산중에는 신라 진흥왕이 어머니 소지부인(昭只夫人)을 위하여 546년(진흥왕 7)에 창건하였다는 대흥사가 있다.

78) 도갑사(道岬寺): 전남 영암군 군서면 도갑리 월출산에 있는 절이다. 대흥사(大興寺)의 말사이고, 도선(道詵)이 창건하였다고 전해진다. 1456년(세조 2) 신미(信眉)와 수미(守眉)가 중건하여 전부 966칸에 달하는 당우가 들어섰으며, 현존하는 당우로는 대웅보전(大雄寶殿)·명부전(冥府殿)·미륵전(彌勒殿)·국사전(國師殿)·해탈문

움이 이곳이 제일이라고 여겼는데, 대둔사大芚寺[79]를 보고서는 넋이 나가 지금까지는 애당초 절집을 본 것이 아님을 알게 되었다.

대둔사는 두륜산에 있다. 창건 연대는 알 수 없으나, 양梁 무제武帝 4년505이라고도 하니 1,200여 년이 되었다. 휴정대사休靜大師[80]가 묘향산妙香山에서 입적入寂하면서 금란가사錦襴袈裟 1벌과 초장의綃長衣 1벌, 호박수주琥珀數珠 10여 매, 패다잔貝茶盞 1개, 크고 작은 발우鉢盂 각 1개, 석사石獅와 석앵무石鸚鵡 벼루 각 1개를 제자들에게 주어서 두륜산에 보관하게 하였다.

제자들이 "저희 불교에서 소중히 여기는 것은 의발衣鉢[81]인데, 어찌 법통을 이어받은 제자도 없는 두륜산에 스승님의 유품을 보관하려 하십니

(解脫門)·일주문 및 요사인 세진당(洗塵堂)이 있다. 이 중 국보 제50호로 지정된 도갑사 해탈문은 1473년(성종 4)에 중건하였으며, 좌우에 금강역사상이 안치되어 있다. 또, 미륵전 안에는 고려시대의 작품으로 보물 제89호인 석조여래좌상이 봉안되어 있으며, 보물 제1134호로 지정된 도갑사소장동자상이 있다.

79) 대둔사(大芚寺): 전남 해남군 삼산면 구림리 두륜산에 있는 절로서 지금은 대흥사(大興寺)라고 한다. 보물 제320호인 해남 대흥사 삼층 석탑은 신라 자장(慈藏)이 중국에서 가져온 석가여래의 사리(舍利)를 봉안한 사리탑이라고 한다. 보물 제1807호 해남 대흥사 천불전은 1811년(순조 11) 불탄 뒤 1813년에 중건한 것으로, 내부에는 전라남도 유형문화재 제52호인 대흥사 천불상이 봉안되어 있다. 표충사(表忠祠)는 대흥사의 사격(寺格)을 말해 주는 대표적인 건물로, 임진왜란 때 승병을 조직하여 공훈을 세웠던 서산대사(西山大師)와 그의 제자 사명(四溟)과 처영(處英)의 영정을 봉안했으며, 편액은 정조의 친필이다. 표충사를 중심으로 좌우에 표충비각(表忠碑閣)과 조사전(祖師殿), 정면에 삼문(三門), 삼문 밖에는 2층 누각인 의중당(義重堂)과 앞쪽으로 중문인 예제문(禮齊門)과 정문인 호국문(護國門)이 있다. 의중당은 당시 6군의 군수(郡守)가 봄·가을로 표충사에 제사 지낼 때 가지고 온 제물을 차리던 곳으로 전면 5칸, 측면 3칸의 맞배집이다. 대흥사 역대 고승들의 부도와 비석을 봉안한 비전(碑殿)에는 보물 제1347호인 해남 대흥사 서산대사탑을 비롯하여 대흥사 13대종사와 13대강사 등의 부도와 비가 있다.

80) 휴정대사(休靜大師, 1520~1604): 속명은 최여신(崔汝信)이고 본관은 완산(完山)이다. 자는 현응(玄應)이고 호는 청허(淸虛)이며 묘향산인(妙香山人) 또는 서산대사(西山大師)로도 불린다. 12세 때 성균관에 들어가 글과 무예를 익힌 후 15세 때 과거를 보았으나 낙방했다. 이후 불교에 귀의하여 1549년(명종 4) 승과에 합격했으며, 선교양종판사(禪敎兩宗判事)에 올랐다. 임진왜란이 일어나자 승군(僧軍)을 조직했으며, 평양탈환작전에 공을 세웠다. 팔도십육종도총섭(八道十六宗都摠攝)에 임명되었지만, 나이가 많다는 이유로 제자인 유정(惟政)에게 물려주고 묘향산으로 돌아가자, 국일도대선사선교도총섭부종수교보제등계존자(國一都大禪師禪敎都摠攝扶宗樹敎普濟登階尊者)라는 존칭과 함께 정2품 당상관 작위가 내려졌다. 1604년 1월 묘향산 원적암(圓寂庵)에서 입적하였다. 저서로는 문집인 『청허당집(淸虛堂集)』을 비롯하여 『선교석(禪敎釋)』·『선교결(禪敎訣)』·『심법요초(心法要抄)』·『삼가귀감(三家龜鑑)』·『설선의(說禪儀)』·『운수단(雲水壇)』 등이 있다. 묘향산 안심사(安心寺)와 금강산 유점사(楡岾寺)에 사리탑이 세워졌으며, 해남 표충사(表忠祠)와 밀양 표충사 및 묘향산의 수충사(酬忠祠)에 제향되었다.

81) 의발(衣鉢): 스승이 제자에게 전해 주는 불교의 교법(敎法)이나 오의(奧義)를 비유적으로 이르는 말이다.

까. 또 이름난 산도 많은데, 하필이면 두륜산입니까?"라고 묻자, 휴정대
사가 "너희들이 알 바가 아니다. 너희가 두륜산을 보지 못하였느냐? 두
륜산은 월출산月出山[82]이 남쪽에 웅거하고 천관산天冠山[83]이 동쪽에 마주
하며, 또 큰 바다에 다다른다. 봄꽃과 가을 국화는 한때의 볼거리요, 벼·
삼·베·비단은 만세의 이로움이다. 이름난 산이 진실로 많지만 만세토록
없어지지 않을 것은 오직 두륜산일 것이다."라고 하였다. 대사께서 돌아
가신지 2백여 년이 되었는데, 한때의 사찰과 도관들이 황폐해져서 볼만
한 것이 없어진 것이 많았는데, 오직 대둔사만 아무 탈 없었으니, 대사가
또한 앞일을 내다보았다고 할 만하다.

대사는 이미 임진왜란 때 창의倡義한 공으로 중국에도 이름이 알려졌다.
명나라 제독提督 이여송李如松[84]이 시를 지어 보냈는데, 송경략宋經畧과 사도
독査都督[85]을 비롯해 시첩詩帖에 이름을 덧붙인 사람이 수십 명인데, 지금
도 그것이 보존되어 있다. 조정에서 대사의 공을 기려 대둔사 동쪽에 표
충사表忠祠를 세웠는데, 월사月沙[86] 이 문충공李文忠公이 지은 비문과 선조대

---

82) 월출산(月出山): 전라남도 영암군 영암읍과 강진군 성전면에 걸쳐 있는 산으로 해발은 809m이다. 산세가 매우
   크고 수려하며 기암괴봉과 비폭·벽담, 많은 유물·유적 등과 조화를 이루고 있다. 1973년에는 도립공원, 1988
   년에는 국립공원으로 지정되었다. 유물·유적으로는 월출산 마애불좌상(국보 제144호)·도갑사 해탈문(국보 제
   50호)·도갑사 석조여래좌상(보물 제89호)·무위사 극락전(국보 제13호)·무위사 선각대사편광탑비(보물 제507
   호)·월남사지 모전석탑(보물 제298호) 등이 있다.

83) 천관산(天冠山): 전라남도 장흥군 관산읍과 대덕읍에 걸쳐 있는 산으로 해발은 723m이다. 김유신(金庾信)이
   소년시절에 사랑한 천관녀(天官女)가 숨어 살았던 산이라는 전설과 수십 개의 봉우리가 하늘을 찌를 듯이 솟
   아 있는 것이 마치 천자(天子)의 면류관과 같아 천관산이라는 이름이 생겼다고도 한다. 천풍산(天風山) 또는
   지제산(支提山)이라고도 하며, 흰 연기와 같은 상서로운 기운이 서린다 하여 신산(神山)이라고도 한다. 지리
   산·내장산·변산·월출산과 더불어 호남의 5대 명산으로 불리며, 1998년 도립공원으로 지정되어 있다.

84) 이여송(李如松, 1549~1598): 중국 명(明)나라의 무장으로 호는 앙성(仰城)이고 자는 자무(子茂)이다. 임진왜란
   때 원군으로 4만의 군사(軍士)를 이끌고 조선(朝鮮)에 들어와, 1593년 고니시 유키나가[小西行長]의 일본군을
   격파하고 평양성을 탈환하였으나, 벽제관(碧蹄館) 전투에서 패한 후로는 화의교섭(和議交涉) 위주의 소극적인
   활동(活動)을 하다가 그 해 말에 철군하였다. 1598년 토번(土蕃)과의 전투 중에 전사(戰死)하였다.

85) 송경략(宋經畧)과 사도독(査都督): 임진왜란 때 이여송(李如松)과 함께 온 명나라 장군 송응창(宋應昌, 1536~
   1606)과 사대수(査大受)를 가리킨다. 송응창의 자는 사문(思文)이고 호는 동강(桐崗)이며, 저서『경략복국요편
   (經略復國要編)』은 명의 조선 파병과 관련한 귀중한 자료이다.

86) 월사(月沙): 이정귀(李廷龜, 1564~1635)의 호이다. 그의 자는 성징(聖徵)이고 호는 월사(月沙)·보만당(保晩堂)·

왕어사시^{宣祖大王御賜詩}, 정종대왕어제서^{正宗大王御製序}와 명^銘이 사당에 봉안되어 있다.

오호라! 대사의 충성과 지혜가 이와 같았으며, 우리 유학을 좇아서 섬겼으니, 이정^{彝鼎87)}에 새겨서 서원에 배향한들 무슨 문제가 되겠는가. 그러나 두륜산에만 유품을 보관하게 한 것은 장구한 계책으로 삼았기 때문이리라. 사찰의 법당을 비롯한 건물이 대략 5천여 칸이고 아름답고 기이한 볼거리는 하루에는 두루 살펴볼 수가 없다. 벽에는 32조사^{祖師}와 우리나라 훌륭한 스님들의 초상이 있는데, 모두 뛰어나서 경외감을 느끼게 하는 것이 보통 사람들과는 달랐다. 아, 애석하고 애석하도다!

원문原文

余之南也. 涉漢水. 絶錦江. 方舟乎廣灘. 容與乎沙湖. 及登頭輪之絶頂. 以臨乎南海然後. 知向之未始觀水也. 於寺見道岬焉. 以爲佛宇之麗. 盡於是矣. 及覩所謂大芚者而後. 芒然自失. 知向之未始觀寺也. 大芚在頭輪山中. 不知其所始. 或曰梁天監四年也. 於今爲一千二百有餘年矣. 休靜師之示寂于妙香也. 以其錦爛袈裟一. 綃長衣一. 琥珀數珠十許枚. 貝茶盞一. 鉢盂大小者各一. 石獅石鸚鵡爲硯者各一. 授其徒. 藏于頭輪山中. 其徒曰. 吾家所重者衣鉢也. 奈何不以傳之門人而藏之山中. 且名山

치암(癡菴)·추애(秋崖)·습정(習靜)이며, 본관은 연안(延安)이다. 1577년(선조 10) 14세 때에 승보시(陞補試)에 장원을 하며 명성을 떨치기 시작해 1585년(선조 18) 22세에 진사, 5년 뒤인 1590년(선조 23)에는 증광문과에 병과로 급제했으며, 병조판서(兵曹判書)·예조판서(禮曹判書)와 우의정(右議政)·좌의정(左議政) 등을 역임했다. 문장에 뛰어나서 장유(張維)·이식(李植)·신흠(申欽)과 더불어 이른바 한문사대가로 일컬어졌다. 저서로는 『월사집(月沙集)』이 있고, 시호는 문충(文忠)이다.

87) 이정(彝鼎): 이(彝)와 정(鼎)은 모두 종묘(宗廟) 제사에서 신주(神酒)를 따라 두는 제기이다. 옛날에 공로가 있는 신하의 이름을 여기에 새겨서 오래도록 전하게 하였다.

多矣. 何必頭輪爲也. 休靜師曰. 非爾所知也. 爾不見頭輪乎. 月出雄其
南. 天冠敵其東. 且大海之所極也. 春花秋菊. 一時之觀也. 禾麻布帛.
萬世之利也. 名山固多矣. 萬世而不廢者. 其唯在頭輪乎. 師之沒二百餘臘
矣. 一時寺觀. 多荒落不堪觀者. 而惟大芚無恙. 師亦可謂有智哉. 師旣
有倡義功. 名聞于中國. 李提督如松. 爲詩以遺之. 自宋經畧查都督以下.
附名于帖者數十人. 今其手跡猶在也. 朝廷賞其功. 爲建表忠祠于大芚之
東. 月沙李文忠公爲之碑. 有宣祖大王御賜詩. 正宗大王御製序若銘. 皆
奉于祠. 嗚呼. 以師之忠且智如此. 而從事於吾儒. 其于勒彝鼎而侑宗也
何有. 顧獨托於此一山. 而以爲長久之計哉. 寺之爲堂宇庭廡者. 蓋五千
餘架. 瑰奇之觀. 一日而不能遍也. 壁有三十二祖師及東方老宿像. 皆奇
偉可畏. 不類凡俗人者. 嗚呼惜哉.

출전: 洪奭周, 『淵泉集』, 「頭輪遊記」

13

덕유산기

德裕山記

송병선宋秉璿

송병선(宋秉璿, 1836~1905): 자는 화옥(華玉)이고 호는 연재(淵齋)·동방일사(東方一士)이며, 본관은 은진(恩津)으로 송시열(宋時烈)의 9세손이다. 경연관(經筵官)·서연관(書筵官)·시강원자의(侍講院諮議) 등에 선임되었으나 모두 거절하고, 무주 구천동에 서벽정(棲碧亭)을 짓고 도학을 강론하는 일에만 몰두하였다. 1905년 을사조약이 강제 체결되자 「청토흉적소(請討凶賊疏)」를 올렸고, 을사오적을 처형할 것, 현량(賢良)을 뽑아 쓸 것, 기강을 세울 것 등의 '십조봉사(十條封事)'를 올렸으며, 12월 30일 의(義)로써 궐기하여 국권을 회복할 것을 호소하는 유서를 남겨 놓고 자결하였다. 저서로는 『연재집(淵齋集)』과 『근사속록(近思續錄)』·『패동연원록(浿東淵源錄)』·『무계만집(武溪謾集)』·『동감강목(東鑑綱目)』 등 53권이 있다. 시호는 문충(文忠)이고, 1914년 왕명으로 문충사(文忠祠)를 지어 동생 병순(秉珣)과 함께 배향되었으며, 1962년 건국훈장 독립장이 추서되었다.

해제解題

「덕유산[88]기德裕山記」는 기사년1869, 고종 6 5월 하순 송병선宋秉璿, 1836~1905이 처남 김성례金聖禮와 동생 송병순宋秉珣 간의 약속에 함께 하면서 당시 우거寓居하던 곳에서 백리쯤에 있었던 덕유산을 오르면서 보았던 것을 기록한 유람기이다. 그들은 중대中臺·수성水城·인월담印月潭·백련암白蓮菴 등을 지나 최고봉인 향적봉香積峯에 올랐으며, 작자는 오르면서 덕유산이 흙산으로 돌이 적어서 경치가 매우 훌륭하진 않아도 온후하면서 장중하고 단아하면서도 엄숙하여 듬직하게 덕이 있는 것 같은 느낌을 받았다고 한다. 이후 그들은 송계암松溪菴·용암정龍巖亭·수승대搜勝臺를 지나면서 경치를 즐기기도 하였다. 하지만 시중드는 사람이 갑자기 병에 걸려 원학猿鶴·심진尋眞·화림花林 등 세 골짜기의 산수를 탐방하지 못하고 발길을 돌릴 수밖에 없었던 것에 작자에게서 느껴지는 큰 아쉬움도 볼 수 있다.

국역國譯

덕유산德裕山은 영남과 호남에 걸쳐 자리 잡고 있는데, 드넓고 웅장하여 지리산智異山과 함께 호남의 울타리가 되어 남다른 사람이나 숨은 선비들이 그 사이에서 노닐었다. 내가 우거寓居하는 곳에서 백리밖에 되지 않아 마음속으로는 항상 한번쯤 유람하고자 하였으나 겨를이 없었다. 하루는

---

88) 덕유산(德裕山): 전라북도와 경상남도 북부 경계에 있는 산으로 1975년에 국립공원으로 지정되었다. 북덕유산 (1,594m)과 남덕유산(1,503m) 등으로 이루어져 있으며, 동쪽으로 황강과 남강, 서쪽으로 금강이 흐르는 분수령이 되고 있다. 무주 구천동의 33경과 칠련·용추 폭포가 유명하다. 무주 구천동에는 수성대·가의암·추월담·수심대·수경대·비파담·구월담·구천폭포 등이 있고, 사찰로는 백련사와 안국사가 있다.

손아래 처남 김성례金聖禮가 안음安陰, 경남 함양군의 산수 유람을 아우 동옥東玉[89]과 약속했다고 하기에 나도 흔쾌히 따라나서서 덕유산 가는 길을 선택하여 오래토록 유람하고자 했던 마음을 풀려고 했다. 장신령長新嶺을 넘어서 용화龍華에 사는 벗 공립公立 김건수金建洙를 방문하여 함께 길을 떠났다.

설천雪川을 지나 길이 덕유산 동쪽 골짜기로 접어들어서는 큰 내를 자주 건넜고, 물살이 세고 돌도 많아서 비가 조금만 내려도 유람객들이 다닐 수 없었다. 횡천橫川에 도착해서는 수성水城과 중대中臺가 있는 곳을 물어보았고, 작은 고개를 넘어 동쪽으로 1리쯤 올라가자 산은 막히고 길은 끝나서 마침내 갈 수가 없었다. 발길을 돌려 몇 걸음 가지 않아 홀연히 돌빛이 나무 사이로 어렴풋이 보이는데 은은한 것이 기이하였다. 그것이 중대가 아닐까 해서 벼랑을 부여잡고 내려가니, 큰 바위가 넓게 펼쳐져 있는데 급한 여울은 콸콸거리며 쏟아지고 서쪽에는 푸른 바위가 층층이 서서 물속까지 누르고 있었으니 이것이 중대였다.

다시 길을 꺾어 올라가서 곧장 바위가 우뚝하니 솟은 곳에 도착하니 왼쪽에 작은 굴이 뚫려 있었고, 날개를 펼친 듯한 것이 마치 처마와 같았다. 바위 가장자리가 파여 있어서 겨우 발을 붙이고 펄쩍 뛰어 올라가니, 위쪽은 평평해서 열 사람이 앉을 만하였고, 뒤로 서 있는 납작한 바위가 깎은 듯이 우뚝 솟아 있다. 아래의 반석은 평평하게 펼쳐져 있는데 매끈매끈하였다. 맑은 물과 서로 어울려 높고 낮음과 얕고 깊은 지세에 따라

---

89) 동옥(東玉): 송병순(宋秉珣, 1839~1912)의 자이다. 그의 호는 심석재(心石齋)이고 송시열(宋時烈)의 9세손으로, 을사조약에 반대하여 순절한 병선(秉璿)의 아우이다. 의금부도사(義禁府都事), 홍문관서연관(弘文館書筵官)에 임명하였으나 나가지 않았으며, 1905년 「토오적문(討五賊文)」을 지어 전국의 유림에게 배포하며, 민족정기를 드높이고 국권을 회복할 것을 호소하였다. 1910년 경술국치 후, 1912년 일제가 회유책으로 경학원(經學院) 강사에 임명하였으나 이를 거절하고, 유서를 남긴 뒤 자결하였다. 저서로는 15권의 문집과 『독서만집(讀書漫錄)』·『학문삼요(學問三要)』·『사례축식(四禮祝式)』·『용학보의(庸學補疑)』·『주서선류(朱書選類)』 등이 있다. 1914년 왕명으로 문충사(文忠祠)를 지어 형 병선과 함께 배향했으며, 1968년에 대통령표창, 1977년 건국훈장 독립장이 추서되었다.

고여 있거나 쏟아져 내리니 중대 위에서 내려다보면 마치 팽조彭祖가 우물을 내려다보는 것과 같아서[90] 두려워 오랫동안 머물 수가 없었다. 마침내 아래쪽으로 내려와 시내를 따라 거슬러 가자니 돌 여울과 돌 웅덩이가 굽이굽이 서로 이어지다가 물이 역류하여 산기슭을 감싸면서 흐르는 곳에 이르렀는데, 이 때문에 이곳이 '수성水城'이라는 이름을 얻었다.

20리를 가서 인월담印月潭을 보았는데, 몇 길 와폭臥瀑의 폭포수가 웅덩이로 떨어지는 소리는 웅장하였으며, 반석과 언덕이 맑고 깨끗하여 아낄 만하였다. 길을 바꾸어 구천동九千洞에 들어가니, 산봉우리들이 사방으로 겹겹이 에워싸고 있고 울창한 숲에는 나무가 빽빽하며 암석들이 연이어 있었으며, 그 사이로 콸콸 흐르는 물소리는 계곡을 진동시켰다. 흐르는 물을 따라 조금씩 앞으로 나아가면서 자주 아름다운 곳을 보았는데 용추龍湫가 더욱 볼 만하였다.

설천雪川에서 6, 70리를 가는 동안 물소리가 끊이지 않았고 세찬 여울이나 물굽이, 폭포가 제법 많아서 기분이 상쾌한 것이 인간 세상과는 사뭇 차이가 났다. 그러나 덕유산은 흙산으로 돌이 적어서 별다르게 기이하거나 빼어난 경치는 없지만, 온후하면서도 장중하고 단아하면서도 엄숙하여 듬직하게 덕이 있는 것과 같았다. 가령 이 산에 계수나무 숲이 있었다면, 부여잡고 오른다[91]는 시구는 마땅히 이와 같은 곳을 찾아와서 지었을 것이다.

백련암白蓮菴에서 잠을 자고 북쪽으로 수십 리 올라가니, 숲이 우거져

---

90) 팽조(彭祖)가⋯⋯같아서: 팽조(彭祖)는 요(堯) 임금 때 팽성(彭城)에 봉해진 뒤 하(夏)·은(殷)·주(周) 삼대(三代)에 걸쳐 800년을 살았다는 전설상의 인물이다. 소식(蘇軾)의 글에 "팽조가 우물을 들여다볼 때에는 큰 나무에 자기 몸을 묶고 수레바퀴로 우물을 덮은 다음에야 감히 내려다보았다.[彭祖觀井 自係大木之上 以車輪覆井 而後敢觀]"라는 내용이 실려 있다.

91) 부여잡고 오른다: 한(漢)나라의 회남왕(淮南王) 유안(劉安)이 지은 「초은사(招隱士)」에 "그윽한 산속에 떨기로 무성한 계수나무[桂樹叢生兮山之幽]"라는 구절과 "계수나무 가지 부여안고 애오라지 머무노라.[攀援桂枝兮聊淹留]"에서 나온 말로, 세속을 피해 산림에 숨은 은사(隱士)를 형용할 때 흔히 인용된다.

검푸르고 등 넝쿨이 서로 엉켜서 지척을 구분하기 어려워서 허리를 구부리고 나아가자니 옷자락과 망건이 걸리지 않을 수 없었다. 때는 바야흐로 한낮이지만 햇빛이 땅에는 조금도 비치지 않아서 숲은 으슥하고 수풀은 물기를 머금은 것이 또 다른 하나의 그윽한 정취가 있었다. 더러는 경사가 급한 길은 공중에 매달린 듯하였고, 혹은 옆으로 경사가 완만한 곳은 활시위를 걸어 놓은 것 같아서 부축하고 이끌어 주며 올라가기를 그치지 않았다.

마침내 최고봉인 향적봉香積峯에 도착하니 뜬구름과 푸른 산이 천만 겹인데, 속리산俗離山과 계룡산雞龍山의 뾰족하고 험준한 기세가 줄어들어 마치 언덕과 같았고, 지리산智異山과 가야산伽倻山의 기이하고 높은 모습이 거두어져 마치 평지 같았다. 그 나머지 대둔산大芚山, 천마산天馬山 등 여러 산은 감히 조금도 대항할 수 없는 것이 마치 아랫사람이나 어린아이를 어루만지는 듯하였다. 푸른 서해가 멀리 띠처럼 펼쳐 있는 것이 마치 오문吳門에 비단이 걸려 있는 것[92] 같아 기분이 상쾌하고 눈앞이 탁 트여서 사람들로 하여금 표연히 우주로 나가 허공에 올라탄 느낌을 갖게 하였다. 반나절을 앉아 있다가 옷깃을 떨치고 일어나 올라왔던 길을 따라 내려왔다.

달음령達音嶺을 넘자니 고개가 험준해서 10여 리를 가서야 고개가 끝나고 들판이 보였다. 방향을 바꾸어 남쪽으로 내려갈 때는 산비탈 경사가 매우 급해서 가끔 꽁무니를 들고 머리를 처박으며 평지에 도착하였다. 다시 서쪽으로 4, 5리를 가서 송계암松溪菴에 들어가니, 가파른 봉우리에 둘러싸여 유달리 깊은 곳으로 고요하고 그윽해서 속된 장소와는 달랐다.

---

92) 오문(吳門)에……있는 것: 오문은 오나라 도성의 서쪽 성문인 창문(閶門)을 말한다. 공자가 안연(顏淵)과 함께 노(魯)나라 태산(泰山)에 올라갔는데, 오나라 창문 밖에 백마가 매여 있는 것을 보고 안연에게 저것이 보이느냐고 묻자 안연이 "흰 비단이 한 필 있고 그 옆에 쪽[藍]빛 풀이 있다." 하니, 공자는 "아니다. 흰 말 옆에 갈대 꼴을 놓아둔 것이다." 라고 하였다.

산을 나와서 시내를 따라 가다가 지나는 길에 용암정龍巖亭에 오르니, 암석이 뒤섞여 늘어섰고 맑은 못은 넓고 깊은데 그윽해서 아낄만하였다. 천천히 앞으로 나아가니 물이 더욱 불어나 세차게 흐르는 곳에서는 하얀 포말이 부서지고 잔잔한 곳에서는 푸른 연못이 되었는데, 어떤 곳은 길쭉하고 어떤 곳은 장고허리처럼 잘록하며 온갖 옥이 쟁쟁거리는 것이 구비마다 아름다웠다.

3, 4리를 가서 수승대搜勝臺에 도착하였다. 대는 전체가 돌로 이루어졌고, 물속에서 불쑥 솟아오른 것이 커다란 거북이가 엎드린 모습과 비슷하였다. 모나고 둥근 기이한 형상은 마치 세속을 멀리하는 선비처럼 홀로 서서 어디에도 의지하지 않아서 멀리서 바라보면 공중에 떠 있는 물건 같았다. 그 위에 흙을 쌓아 대를 만들었는데 소나무 그늘이 드리우고 있었으며, 넓이는 5, 60명이 앉을 만하였다.

물은 월성月城 못 골짜기에서 세차게 흘러나온 것들이 모여서 큰 내가 되었다가, 탐승대 앞에 이르러서는 고여서 못이 되는데, 검푸를 정도로 깊어서 배를 띄우기에 넉넉하였다. 꼭대기 흰 너럭바위에는 솔숲이 울창하고 높지 않은 벼랑이 푸르게 둘러싸서 경치가 더욱 그윽하고 빼어나며, 자질구레한 흙덩이나 자갈이 널려 있지 않은 맑고 아름다운 모습은 금강산 만폭동萬瀑洞 한 굽이를 방불케 하였다. 그러나 물은 비록 맑지만 돌의 깨끗하고 매끈함이 미치지 못해서 끝내 부족한 모습이 없지 않았다.

대 이름은 본래 수송愁送이었는데 퇴계退溪가 수승으로 바꾸었고, 바위면에 퇴계의 시가 새겨져 있는데, 옛날이나 지금 사람들이 이름을 새긴 것이 많았다. 동쪽과 서쪽에 낙수정樂水亭과 관수루觀水樓가 있는데, 모두 물을 내려다보며 탁 트인 모습이었다. 남쪽 수 리 쯤에 또 척수대滌愁臺가 있는데 경치가 대략 수승대와 비슷하거나 미치지 못하였다.

원학猿鶴·심진尋眞·화림花林 세 골짜기의 산수도 탐방하고자 하였으나 따라다니며 시중들던 사람이 갑자기 병에 걸려 여기에서 발길을 돌렸으니, 어찌 조물주의 짓궂은 장난이 아니겠는가? 마음 깊이 한탄함이 소자첨蘇子瞻[93]이 한부韓富[94]는 보았으나 범육장范六丈[95]은 만나보지 못한 것과 무엇이 다르겠는가? 그러나 수승대를 세 골짜기에서 첫손가락에 꼽는다지만, 내가 보았던 것이 들었던 것 보다 못하니, 보지 못했던 것도 또한 상상할 수 있다. 아! 이름과 실제가 서로 맞지 않는 것이 어찌 산뿐이겠는가? 때는 기사년1869, 고종 6 5월 하순이었다.

---

93) 소자첨(蘇子瞻): 소식(蘇軾, 1036~1101)의 자이다. 그는 중국 북송(北宋)의 시인으로, 호는 동파(東坡)이다. 아버지 소순(蘇洵), 동생 소철(蘇轍)과 함께 삼소(三蘇)라 일컬어지는데, 이들 모두 당송팔대가(唐宋八大家)에 속한다. 한유(韓愈)·구양수(歐陽脩)를 이어받아 고문(古文)을 발전시켰으며, 또 사(詞)·서(書)·화(畫)에도 뛰어났다. 저서로 『동파전집(東坡全集)』115권이 전한다.

94) 한부(韓富): 북송(北宋)의 명재상인 한기(韓琦, 1008~1075)와 부필(富弼, 1004~1083) 두 사람을 말한다. 한기의 자는 치규(稚圭)이고 호는 공수(贛叟)이며 시호는 충헌(忠獻)이다. 약관의 나이에 진사가 되어 우사간(右司諫), 추밀원 직학사(樞密院直學士) 등을 역임하였다. 범중엄(范仲淹), 부필(富弼)과 함께 명망이 높았다. 저술로 『맹자찬(孟子贊)』·『안양집(安陽集)』 등이 있다. 부필 또한 송나라 때의 명상(名相)으로 자는 언국(彦國), 시호는 문충(文忠)이다. 학식이 깊고 도량이 넓었으며, 지제고(知制誥), 동중서문하평장사(同中書門下平章事) 등을 거쳐 영종(英宗) 때 추밀사(樞密使)로 정국공(鄭國公)에 봉해지고, 뒤에 사공(司空)에 올라 한국공(韓國公)에 봉해졌다.

95) 범육장(范六丈): 송나라 때 범중엄(范仲淹, 989~1052)을 가리킨다. 그의 어머니가 주씨(朱氏)에게 개가했는데, 그때 항렬이 여섯 번째여서 범육장(范六丈)이라 불렀다. 범중엄의 자는 희문(希文)이고 시호는 문정(文正)이다. 오현(吳縣) 사람으로 여러 벼슬을 거쳐 호부 시랑(戶部侍郎)까지 지냈다. 변경을 지킬 때에는 적들이 "소범 노자(小范老子)의 흉중에는 수만 갑병(甲兵)이 들어 있다."라고 하면서 경외(敬畏)하였다. 산문으로는 「악양루기(岳陽樓記)」가 있고, 저서로 『범문정공시여(范文正公詩余)』, 『범문정공집(范文正公集)』 24권 등이 있다.

德裕山. 盤據嶺湖之界. 磅礴雄傑. 與智異相埒. 畸人逸士. 往往徜徉於
其間. 去吾寓地. 不過百里. 意常欲一遊. 而未暇焉. 一日. 外弟金聖禮.
將觀安陰山水. 約家弟東玉以告. 余欣然從之. 謀取途是山. 以償宿願.
逾長新嶺. 訪金友公立建洙于龍華. 與之聯筇. 過雪川. 路出東峽. 屢涉
大川. 水險石多. 小雨行旅不通. 到橫川. 問水城中臺. 越小峴. 東上一
里許. 山斷路窮. 終不可得. 還不數步. 忽見石色. 偸見樹間. 隱隱若有
異焉. 疑其爲臺. 攀崖而下. 巨石廣鋪. 急灘喧撼. 西有蒼巖層立. 危壓
水心. 是果中臺也. 復折而上. 直到巖起處. 左通小穴. 翼然如屋簷. 石
際搯鑿. 寄足而超登. 則上平可坐十人. 背立片巖. 削然高屹. 下有盤石.
平布凝滑. 清流映帶. 高下淺深. 隨勢渟瀉. 臺上俯視. 如彭祖觀井之
狀. 凜然不可久留. 遂下泝溪而行. 石灘石潭. 曲折相承. 至水洄縈紆山
麓而流. 故地以是名焉. 行二十里. 得印月潭. 臥瀑數丈. 墜之潭. 有聲
漾然. 磐石陂陀. 明潔可愛. 轉入九千洞. 峯嶺環疊. 茂樹交密. 巖石相
倚. 水行其間. 噴薄澎湃. 聲震山谷. 隨流漸進. 屢得佳處. 而龍湫尤可
觀. 蓋自雪川. 行六七十里. 不離泉聲之中. 爲高灘. 爲曲灣. 爲噴瀑者.
不可一二數. 意想蕭爽. 與人境隔異. 然德裕一山. 純土少石. 別無奇絶
之勝. 但厚莊端嚴. 凝然若有德. 使山有叢桂. 則攀援之詠. 當訪落於此
矣. 投宿白蓮菴. 從北上數十里. 林木翠密. 藤蔓交絡. 難辨咫尺. 傴僂
而行. 猶不免胃裾鉤幘也. 時方亭午. 日光無纖毫在地. 森邃蒨潤. 別有
一種幽致. 或直上若懸. 或迆登如彎. 躋攀扶攜. 進進不已. 乃抵香積
上峯. 浮雲積翠. 萬疊千重. 俗離雞龍. 殺其峭峻之勢. 而丘隴如也. 智
異伽倻. 斂其奇高之形. 而平面如也. 其餘大屯天馬諸山. 不敢小抗. 若

撫卑幼. 西海蒼然遙帶. 如掛吳門匹練. 心目快豁. 使人飄然有出宇宙. 跨虛空之意. 坐半晌. 拂衣而起. 還從舊路而下. 越達音嶺. 崎嶇險峻. 行十許里. 嶺窮而野見. 轉折南下. 山阪甚急. 往往尻高而首下. 到平地. 復西四五里. 入松溪菴. 峭峯廻抱. 別一隩區. 清淨幽夐. 不似凡境矣. 出山而循溪行. 歷登龍巖亭. 巖石錯列. 澄潭泓渟. 幽爽可愛. 徐行前進. 水勢益壯. 急者沸白. 平者湛碧. 或筑或缶. 萬玉琮琤. 曲曲有姿態. 行三四里. 到搜勝臺. 臺以全石爲體. 出水隆起. 形類穹龜之伏. 方圓奇狀. 如高蹈之士. 獨立不倚. 望之若空中物焉. 其上築土作臺. 松陰覆之. 廣可坐五六十人. 水自月城衆壑奔流. 合爲大川. 至臺前. 匯而爲潭. 瀟然深綠. 優可泛舟. 上頭白石盤陀. 松林蒼鬱. 短崖翠邊. 境益幽絕. 無塊礫堆疊之累. 意態明麗. 彷彿若萬瀑之一曲. 而水雖澄清. 石欠瑩潤. 終不無愧色也. 臺名素稱愁送. 退溪命改. 有詩刻面. 且多古今人題名. 東西有樂水亭觀水樓. 皆臨流敞豁. 南數里許. 又有滌愁臺. 略如搜勝而不及焉. 三洞猿鶴尋眞花林水石. 將欲極意探索. 而從者邊病. 自此經還. 豈造物之魔障耶. 意甚悵恨. 何異於蘇子瞻之見韓富. 而不及見范六丈也. 然搜勝云是三洞第一. 而以余所見者. 有損於所聞. 則其所不見者. 亦可想矣. 噫. 名實不符. 奚獨山哉. 時己巳五月下澣也.

출전: 宋秉璿,『淵齋集』,「德裕山記」

14

유만덕산기 경오

游萬德山記 庚午

이기李沂

이기(李沂, 1848~1909): 자는 백증(伯曾), 호는 해학(海鶴) · 질재(質齋) · 재곡(梓谷), 본관은 고성(固城)이다. 조선 말기의 사상가 · 애국계몽운동가로 전라북도 김제(金堤) 출신이다. 개항 이전의 실학사상을 계승하고 개항 이후 나타난 근대 서양사상을 수용함으로써 당시의 역사적 과제의 해결에 접근한 실학사상가다. 저서로는 『해학유서(海鶴遺書)』가 있다.

해제解題

「유만덕산[96]기游萬德山記 경오庚午」는 경오년1870 10월 4일 이기李沂, 1848~1909 가 박한진朴翰鎭과 함께 만덕산을 오르면서 보았던 경관이나 느꼈던 바를 기록으로 남긴 것이다. 산 정상에 올라 동서남북으로 보이는 고을들에 대해서 나열되어 있으며, 많은 사람들에게 알려져 있지는 않으나 다른 산들처럼 유람할 것들이 많이 있다는 것에 대해서도 기록되어 있다.

국역國譯

전주全州는 국초 이래로 이미 대도호부大都護府[97]가 되어 홀로 호남과 영남 여러 읍의 요충지가 되었고 뛰어난 경치가 갖추어져 있으며, 그 읍치邑治는 서남쪽으로 들이 많고 동북쪽으로는 산이 많다. 만덕산은 마이산馬耳山에서 발맥發脈하는데, 구불구불하게 서로 만나고 휘돌아 진실로 몇 백천의 무리인지 알지 못한다. 그 아래에서 바라보면 힘차면서도 서로 뒤섞여 있어 모두 비슷한 것 같아 서로 높낮이를 잴 수 없다.

경오년1870 10월 4일에 나와 박한진朴翰鎭은 용화사龍華寺 뒤를 따라서 갔는데, 돌로 된 좁은 비탈길이 칼로 깎은 듯이 가파르고 초목이 어우러져 있어 걱정스럽고 두려운 생각을 그칠 수 없었다. 마침내 서로 부축해 주면서 조금씩 나아가 그 정상에 다다라 보니, 정신이 맑아지고 조망이 탁

---

96) 만덕산(萬德山): 전라북도 진안군 성수면 중길리와 완주군 상관면 마치리와 완주군 소양면 월상리의 경계에 있는 높이 762m의 산이다. 만덕산은 만 가지 덕을 가진 부처와 같다 하여 부처산이라고도 한다.

97) 대도호부(大都護府): 고려와 조선 시대, 지방 행정 기관이다. 1018년(고려 현종 9) 안남[安南, 지금의 전주(全州)], 안서[安西, 지금의 해주(海州)], 안북[安北, 지금의 안주(安州)], 안동[安東, 지금의 경주(慶州)]에 4대도호부가 설치되었다.

트였는데 이른바 만덕산萬德山이 바로 이산이었다.

사방을 죽 돌아보니 동쪽에는 진안鎭安·장수長水·무주茂朱·용담龍潭의 여러 읍, 남쪽에는 순창淳昌·태인泰仁·임실任實·남원南原의 여러 읍, 서쪽에는 김제金堤·만경萬頃·임피臨陂·옥구沃溝의 여러 읍, 북쪽의 진산珍山·금산錦山·고산高山·여산礪山의 여러 읍이 모두 수백 리였다. 땅의 넓음과 좁음, 산수의 험함과 평이함, 주민의 많고 적음은 모두 손가락으로 가리킬 수 있었는데, 위에서 모두 비슷하다고 한 것도 밑으로 구부리고 물러나 엎드린 것이 마치 흙무더기 같고 작은 언덕 같았다.

비유하면 조회하는 자리나 군대의 행렬이니, 공경대신과 구실아치가 입직(入直)·숙위(宿衛)하며 대궐 아래에서 시립하여 기척도 없고 다만 문무백관이 삼엄하게 늘어선 것만 보였으니, 나는 이제야 이 산이 몇 백, 몇 천의 무리 속에서 높이 솟아나서 조금은 비슷한 점이 있다는 것을 알게 되었다.

오호라! 이 산이 마구 섞인 사이에 빠져 기꺼이 흙무더기나 작은 언덕 같은 취급을 당하게 되었지만 사람에게 그 높이를 자랑하지 않고, 사람들도 그 꼭대기에 이르러 유람하지 못하니, 어찌 불행이 아니겠는가! 이에 박 군이 그 내용을 적어 뒷날 산에 오르는 자들에게 남기고, 또 우리가 먼저 여행한 것을 즐기자고 청하였다.

원문原文

全州循國初來. 已陞大府. 獨當湖嶺諸邑之衝. 形勝具焉. 其治西南多野. 東北多山. 山蓋馬耳發脈也. 而逶邐遭迤. 固不知其幾百千羣. 居下而望

之. 則龐龐爾褣褣爾. 咸若等齊. 而莫能相高矣. 庚午十月四日丙申. 余及朴君翰鎭. 從龍華寺之後而行. 磴蹊剗絶. 草木蒙翳. 使人心胸煩鬱危惶. 不可以止. 遂與扶携. 積分累寸而進. 比其上也. 則神精脫灑. 瞻眺開朗. 乃所謂萬德山是也. 試而四周而顧. 其東鎭長茂龍諸邑. 其南淳泰任南諸邑. 其西金萬臨沃諸邑. 其北珍錦高礪諸邑凡數百里. 土壤廣狹. 山澤險易. 人民多少. 皆可指擧. 而嚮之謂等齊者. 亦爲降俯退伏. 若丘垤然. 若培塿然. 譬則朝會之位. 軍旅之次. 公卿大臣及夫吏校直衛. 侍於殿臺之下. 不聞有聲息. 而但見冠冕鎧胄森儼而列也. 余然而後. 知是山之高出於幾百千羣. 少有頡頏焉. 嗚呼. 夫以是山淪於龐褣之間. 甘與丘垤培塿爲類. 未嘗自衒其高於人. 人亦未嘗能極其高而一游矣. 則豈非不幸乎哉. 朴君請書其言. 以遺後之登斯者. 而且喜吾之先游也.

출전: 李沂, 『李海鶴遺書』, 「游萬德山記 庚午」

15

중유만덕산기

重游萬德山記

이기李沂

이기(李沂, 1848~1909) : 자는 백증(伯曾), 호는 해학(海鶴)·질재(質齋)·재곡(梓谷), 본관은 고성(固城)이다. 조선 말기의 사상가·애국계몽운동가로 전라북도 김제(金堤) 출신이다. 개항 이전의 실학사상을 계승하고 개항 이후 나타난 근대 서양사상을 수용함으로써 당시의 역사적 과제의 해결에 접근한 실학사상가다. 저서로는 『해학유서(海鶴遺書)』가 있다.

해제解題

「중유만덕산기重游萬德山記」는 앞서 만덕산을 유람한 이기李沂, 1848~1909가 '천지가 과연 일정함이 있는가'라는 물음에 대한 답을 얻고자 박한진朴翰鎭·최백영崔栢榮 등 두 사람과 함께 다시 산에 오르는 것을 기록으로 남긴 것이다. 작자인 이기가 산에 올라서 함께한 두 사람에게 진晉나라 양호羊祜의 고사를 예로 들면서 선비로써 가졌으면 하는 모습이 기록에서 보인다.

국역國譯

천지가 과연 일정함이 있는가? 나는 알 수 없다. 천지가 과연 일정함이 없는가? 나는 알 수 없다.

봄이 되면 꽃이 피고, 가을이 되면 시들며, 큰 언덕이 되면 높고, 골짜기가 되면 깊어서 유구함에 머물게 되니 비록 일정함이 있다고 해도 될 것이요, 봄이었다가 가을이 되고 꽃 피었다가 시들며, 언덕이었다가 골짜기가 되고 높았다가 깊어져 변화해서 움직이는 것이니 비록 일정함이 없다고 해도 될 것이다. 일정함이 있고 일정함이 없는 사이에 사람 또한 슬픔, 근심과 기쁨으로 여기에 얽매이는 것이다.

올해는 11월 3일 갑오에 처음 눈이 왔고 9일 경자에 또 눈이 내려 15일 병오가 되어서야 그쳤다. 나는 다시 만덕산에 가려는 계획을 세웠고, 박한진이 또 최백영崔栢榮을 데리고 따라왔는데, 모두 지팡이에 짚신으로 길 차림이 매우 간단하였다.

이때는 평지에 내린 눈이 족히 석 자가 되었고, 산속은 그 배나 되어

나무들의 굽거나 뾰족한 부분, 벼랑이나 바위의 모서리가 없어지고, 펼쳐 놓은 듯 넓고 평평하며 깨끗한 수정처럼 눈부셔 천리나 되는 먼 거리도 한 자리인 듯 가까워 모두 같은 모양이었다. 바라보면 끝없이 아득하여 마치 강이나 바다에 배를 띄우고서 벼랑인지 기슭인지 분변하지 못하는 것과 같아서 이미 전날 본 것과 비교하려고 해도 비교할 수가 없었다.

나는 마침내 옆걸음으로 가파르고 험한 봉우리를 넘어 서로 나란히 서서 눈 닿는 데까지 멀리 바라보았다. 한참 있다가 돌아보며 두 사람에게 "저 하늘과 땅 사이에 늘어선 산천초목이 또한 분명히 사람과 같은 기운일세. 봄가을의 꽃핌과 시듦, 언덕과 골짜기의 높음과 깊음, 예전과 지금의 오고 감이 다 본디 있는 것이어서 벗어날 수가 없으니, 그 어찌 여기에서 느낌이 없겠는가. 접때 꽃피었던 것이 텅 비어 이미 시들고, 접때 높던 것이 우묵하여 이미 깊어졌다면, 또 어찌 접때 왔던 것이 삽시간에 이미 가버린 것이 아니겠는가. 이른바 '천지가 과연 일정함이 있는가?'라는 것이 이와 같으니, 군자는 두려워하여 얻고, 소인은 편안히 여기다가 잃어버리는 것일세. 나는 누구와 더불어 가야 하겠는가!

진晉나라의 양호羊祜[98]가 일찍이 현산峴山에 올라 고인古人)의 흔적이 모두 없어지고 들리지 않는 것을 강개慷慨히 한탄했는데, 그 마음이 만일 공리를 좇는 데서 벗어난 것이라도 우리가 취할 바가 아닐세. 그러나 오직 자네 두 사람에게 원하는 것은 또한 마땅히 여기에서 나아가 취하거나 버려야 하니, 반드시 도의道義와 문장文章으로 하여금 위로는 근원에 벋디디

---

98) 양호(羊祜, 221~278): 서진의 대신. 자는 숙자(叔子)이며, 태산(泰山) 남성[南城, 지금의 산동성 비현(費縣) 서남쪽] 사람이다. 진 무제(晉武帝) 때에 상서우복야(尙書右僕射) 등을 지내고, 형주(荊州)의 모든 군사를 도독하여 강한(江漢) 지방의 인심을 얻었다. 오(吳)를 덕으로 회유하다가 두예(杜預)를 자기 대신으로 천거하고 죽었다. 남방에서 호의 상을 듣고 울지 않는 사람이 없고, 오나라 변방 장수들도 울었다고 한다. 항시 오르던 현산(峴山)에 비를 세웠는데, 비를 보는 사람마다 눈물을 흘리므로 두예가 타루비(墮淚碑)라고 했다. 시호는 성(成)이다.

고 아래로는 무궁함에 치달리게 하여 천수백 년 전의 양호가 다시 이 산에서 탄식하는 것을 면하도록 한다면 다행일세."라고 하였다.

이윽고 해는 엄자산崦嵫山[99]으로 떨어지고 골짜기에는 바람이 불어 어두컴컴한 빛과 싸늘한 기운이 사람으로 하여금 정신이 서늘해지고 뼈가 시리게 만들어 머물 수가 없었다. 용화사龍華寺로 돌아와 묵었다.

원문原文

天地果有常乎. 吾不得以知. 天地果無常乎. 吾不得以知. 春焉而榮. 秋焉而枯. 陵焉而高. 谷焉而深. 止於悠久者. 則雖謂之有常可也. 春焉而秋. 榮焉而枯. 陵焉而谷. 高焉而深. 動於變遷者. 則雖謂之無常可也. 有常無常之間. 人亦喜悲憂樂繫之矣. 是歲十一月三日甲午始雪. 九日庚子又雪. 十五日丙午乃止. 余重有萬德山之游. 朴君翰鎭. 又得崔君栢榮從之. 皆用竹杖芒鞋. 裝束甚僧如也. 於是平地雪深. 足有三尺. 山中倍差. 無荊鉤棘刺崖稜石角. 而敷衍廣平. 明晶眩耀. 千里之遠. 一席之邇. 咸爲一狀. 望之淼茫焉. 若泛江海而莫辨崖岸. 已比前日之見則不較矣. 余遂履側仄逾峭嶮. 幷足而立. 窮目而視. 久之顧謂二君曰. 夫草木山川之列於天地間者. 亦必與人同一氣耳. 春秋之榮枯. 陵谷之高深. 古今之來往. 皆所固有而不能免. 其何無感於斯哉. 嚮之榮者. 枵然已枯. 嚮之高者. 坳然已深焉. 則又安知非嚮之來者. 焱然已往. 所謂天地果無常乎者若是. 君子懼而得之. 小人易而失之. 吾誰與適也歟. 晉之羊祜嘗登峴山. 慷慨歎古人之湮沒無聞. 蓋其心雖出于趨功徼利. 而非有吾輩所

---

99) 엄자산(崦嵫山): 감숙성(甘肅省)에 있는 산으로 전설에 의하면 이곳으로 해가 져서 들어간다고 한다.

取. 然惟願二君. 亦當就此而去取之. 必使道義文章. 上軋有元. 下馳無

窮. 以求免乎千百世之羊祜復歎此山幸矣. 既已日降崦嵫. 風興澗壑. 黯

澹之色. 清泠之氣. 令人神凄骨冷. 不可留也. 反宿龍華之寺.

출전: 李沂, 『李海鶴遺書』, 「重游萬德山記」

16

변산기

邊山記

송병선 宋秉璿

송병선(宋秉璿, 1836~1905): 자는 화옥(華玉), 호는 연재(淵齋), 본관은 은진(恩津)이다. 학행으로 천거 받아 좨주(祭酒)에 기용된 뒤 대사헌(大司憲)을 지냈다. 을사조약이 체결되자 일본을 경계할 것을 상소하려다가 실패하고 고향에 가서 자결하였다. 의정(議政)에 추증되었으며 시호는 문충(文忠)이다. 1962년 대한민국 건국 공로 훈장 복장(複章)이 추서되었고 저서로 『연재집(淵齋集)』과 『근사속록(近思續錄)』, 『패동연원록(浿東淵源錄)』, 『무계만집(武溪謾集)』, 『동감강목(東鑑綱目)』 등 53권이 있다.

해제解題

「변산기邊山記」는 1890년 송병선宋秉璿, 1836~1905이 정척연鄭戚淝 등 여러 친우들과 함께 변산현재 전남 부안 위치과 해안가 등 변산 주변 지역의 경관을 감상하고 남긴 유람기이다. 개암사開巖寺·실상사實相寺·월정대月頂臺·은적암隱寂菴·취령대鷲嶺臺 등 지나간 곳의 경관에 대한 기록이 남겨져 있다. 또한 우금암遇金巖·내소사來蘇寺의 경우 신라를 도왔던 당나라 장수 소정방蘇定方과 관련되어 전해져 오던 이야기도 기록되어 있다. 한편, 유람기에서 작자인 송병선이 변산을 유람하면서도 직소폭포直沼瀑布를 포함한 변산의 경관이 자신의 기대에 미치지 못하여 실망하기도 하지만 적벽강赤壁江과 그 주위 해안의 기이한 장관에 놀라워하는 모습도 볼 수 있다.

국역國譯

변산邊山은 바닷가의 산이다. 국내에서 이름났고 세상에서는 소봉래小蓬萊라고 일컫는데, 동봉東峯[100]과 월사月沙[101]가 모두 금강산이나 지리산과 으뜸을 다툰다고 하였다. 내가 일찍부터 보고 싶었는데, 이 해1890에 비로소

---

100) 동봉(東峯): 김시습(金時習, 1435~1493)의 호이다. 자는 열경(悅卿)이고 호는 매월당(梅月堂)이며 법호는 설잠(雪岑), 본관은 강릉(江陵)이다. 1455년 수양대군(首陽大君)이 왕위를 찬탈하자 충격을 받고 승려가 되었다. 그는 단종의 폐위에 맞서 절의를 지킨 생육신(生六臣)의 한 사람으로 유학, 불교, 도교에 두루 조예가 깊었다.

101) 월사(月沙): 월사는 이정귀(李廷龜, 1564~1635)의 호이다. 자는 성징(聖徵)이고 호는 월사(月沙)·보만당(保晚堂)·치암(癡菴)·추애(秋崖)·습정(習靜)이며 본관은 연안(延安)이다. 1590년(선조 23) 문과에 급제했다. 임진왜란 때 주청사(奏請使)로 명나라에 가 이름을 떨쳤고, 선조에서 인조에 걸쳐 40여 년 정승 반열에 있었으며, 문장이 능하여 상촌(象村) 신흠(申欽), 계곡(谿谷) 장유(張維), 택당(澤堂) 이식(李植)과 함께 조선 중기 문장 4대가라 일컬어졌다. 저서로 『월사집(月沙集)』·『서연강의(書筵講義)』·『대학강의(大學講義)』 등이 있다. 시호는 문충(文忠)이다.

남쪽을 유람하여 이 산의 승경을 찾으려고 먼저 변산 아래에 사는 윤치경尹致敬과 고태진高台鎭을 방문했고, 정 형鄭兄과는 일찍이 함께 하자고 약속했는데, 그에게 신세지고자 하였다. 또한 정척연鄭戚淵을 만나서 함께 출발했다.

봉은동鳳隱洞을 지나 동쪽에 칠성암七星菴을 만났는데 그윽하고 빼어나서 아낄 만했다. 도솔암兜率菴을 거쳐 개암사開巖寺로 들어가 공양을 받았다. 북쪽으로 돌 비탈길을 따라 구불구불 4, 5리를 오르니 수풀과 큰 나무가 가려 위로 해가 보이지 않았다. 나뭇가지를 부여잡고 애쓰며 나아가 우금암遇金巖에 다다르니, 널찍한 것이 천 길이나 되고 가운데 구덩이가 굴이 되었는데 넓어서 오량가五樑架 집을 지을 만하였다. 옛적에 소정방蘇定方이 백제를 치고 이곳에 와서 신라 법민왕法敏王[102]을 만났기 때문에 바위 이름이 그렇게 되었다. 일행 중에 누군가가 굴에 들어가서 통소를 부니, 소리가 울려서 서로 어우러지는 듯했다. 북쪽으로 꺾어 내려가니 산마루 좁은 길이 구불구불거리며 서려 있으니, 이른바 "산허리를 감도는 길이 삼백 굽이구나!"[103]라는 것이리라.

6, 7리를 가서 평지에 도착하여 이리저리 시내를 건너서 서쪽으로 돌아가니 실상사實相寺[104]가 나왔다. 잠시 쉬었다가 물길을 따라서 깊이 들어가니 진달래가 흐드러지게 피었고 개살구도 그러했다. 매우 흥겨워 느릿하게 걸어 직소폭포直沼瀑布에 다다랐다. 산마루가 오목한 곳에 거대한 바위가 가로누워 뚝 끊겼는데, 아래와 위에 모두 못이 있었다. 위 못물은 산골

102) 법민왕(法敏王): 신라의 제30대 문무왕(文武王, 626~681)의 이름을 따서 말하는데 재위 기간은 661년에서 681년까지이다. 『삼국유사』에는 '문호왕(文虎王)'이라고도 기록되어 있다. 시호가 문무(文武)이다.

103) 산허리를 감도는 길이 삼백 굽이구나: 소 동파(蘇東坡)의 「27일 양평에서 사곡에 이르러 남산 반룡사에 묵으며[二十七日 自陽平至斜谷 宿於南山中蟠龍寺]라는 시에 '路轉山腰三百曲'라는 시구가 나온다.

104) 실상사(實相寺): 전북 부안군 내변산 천왕봉 아래에 있는 사찰로 변산면 중계리 실상동에 위치한다. 통일신라 689년(신문왕 9)에 초의선사가 창건하고 조선조에 양녕대군(讓寧大君)이 중창했다고 전하며, 변산의 산내 사찰을 여기에서 거느렸다 한다.

짝 물을 받아들여 바위벽을 뚫고 쏟아져 나오는데, 이를 재면 높이가 수십 길은 되고 소리는 우레나 북소리 같으며, 물보라가 뿜어져 옷과 망건을 적셨다. 아래 못이 위 못보다 더 크고 마치 네모난 연못 같은데 검푸르고 깊어서 따르는 자들이 모두 기이한 장관에 소리 질렀으나, 나만 혼자 아연하여 "이것이 어떻게 감탄할 만한가. 구룡폭포와 박연폭포에 비한다면 마치 황하와 바다를 길바닥에 고인 웅덩이의 장마 물에 비교한 것과 같으리라."라고 했다. 돌아다보니, 누군가가 이미 산꼭대기에 올랐는데 젓대소리가 아스라하여 마치 난봉鸞鳳의 피리소리[105]가 구름 너머에서 들려오는 것 같았다.

왔던 길을 되돌아 나가 왼쪽으로 꺾어 올라가자니 가파르고 험준하여 곧바로 위로 올라가는 길도 5, 6리가 되고 구불구불 올라간 길도 3, 4리였다. 엉금엉금 기어서 돌 비탈길을 더위잡고 올라가는데, 나아가고 나아가 그치지 않아서 마침내 그 꼭대기에 올랐으니, 참으로 "순서에 따라 점차 나아가고, 아래로 배우면서 위로 통달하면[106] 저절로 고명高明한 경지[107]에 도달한다."라는 것이었다. 나무 그늘에 앉아 쉬면서 술잔을 돌리자 갈증이 그쳤다. 벼랑을 따라 줄지어 들어가서 월명암月明菴에 도착하니, 안온

---

105) 난봉(鸞鳳)의 피리소리: 난새도 봉황의 일종이다. 춘추 시대 진 목공(秦穆公)의 딸인 농옥(弄玉)이 피리를 잘 부는 소사(蕭史)에게 시집가서 날마다 그에게 피리를 배워서 봉황의 소리를 내니, 봉황이 그 집에 와서 머물렀다. 목공이 봉대(鳳臺)를 지어 주어 부부가 그 위에서 머물며 몇 년이나 내려오지 않다가 하루아침에 봉황을 따라 날아가 버렸다고 한다.

106) 순서에 따라……위로 통달하면: 공자가 "나를 알아주는 이가 없구나!"라고 하자, 이에 자공(子貢)이 물었다. "어찌하여 선생님을 알아주는 이가 없는 것입니까?" 공자가 "하늘을 원망하지 않으며 사람을 탓하지 않고 아래로 배우면서 위로 통달하노니 나를 알아주는 이는 하늘일 것이다.[不怨天 不尤人 下學而上達 知我者其天乎]"라는 내용이 『논어(論語)』 「헌문(憲問)」 37장에 나온다. 이에 대해 송나라 주희(朱熹)는 "좋은 시운을 얻지 못하여도 하늘을 원망하지 않으며 사람에게 합하지 못하여도 사람을 탓하지 않고 다만 아래로 인간의 일을 배우며 위로 천리(天理)를 통달하는 것만 안다는 것이니, 이는 다만 자기 몸을 반성하고 자신을 닦아서 차례를 따라 점차 나아갈 뿐이요[此但自言其反己自修 循序漸進耳] 남보다 심히 다르게 하여 남이 알아주도록 하는 일이 없음을 말씀한 것이다."라고 말했다.

107) 고명(高明)한 경지: 『중용』 제26장에, 성인의 덕을 천지(天地)에 비겨서 "광대하고 심후함은 땅을 짝하고 고명함은 하늘을 짝하고 유구함은 끝이 없다.[博厚配地 高明配天 悠久無疆]"라는 내용이 나온다.

하고 빼어나서 더더욱 평범한 곳이 아니었는데 막 불타버리고 아직 짓지 않았다.

또 1리를 올라가 월정대月頂臺에 이르니, 이곳이 변산의 상봉(上峰)인데 두 바위가 마주보며 우뚝 솟아서 마치 뿔 같았다. 은빛 바다가 하늘을 때리는 것을 굽어보니, 바닷가 뭇 산과 바다 가운데 여러 섬이 구름 사이로 나타났다가 사라지는데, 저녁 햇살이 비치어 푸른 파밭처럼 눈부시게 빛나서 바라보자니 사람으로 하여금 그 정신을 날려서 우주 바깥까지 벗어나 있게 하는 듯하였다.

변산이 바닷가에 웅장하게 서려서 둘레 100여 리가 마치 고개를 숙였다가 쳐드는 듯하고, 치달려 가다가 그친 듯한 모습이 그윽하고 깊으며 높고도 멀었다. 그러나 다만 수려하고 빼어난 자태가 부족하여 금강산과 함께 논할 수는 없다. 또 영주산瀛洲山[108]을 세상에서는 한라산漢拏山이라고 일컫는데, 동봉이 특별히 변산이 영주산에 해당된다고 한 것은 지나친 듯하다. 월사가 해선대海仙臺를 두고 "비록 금강산에 있었더라도 제일이 되어서 불정대佛頂臺보다 훨씬 뛰어날 것이다."라고 매우 칭찬을 하였는데, 내가 두루 물어봐도 아는 자가 없으니 해선대는 하늘이 아끼고 땅이 감춘 곳이라서 속인의 관람을 불허하는 것이 아니겠는가. 다시 월명암으로 내려와 요사에서 묵었다.

일찍 일어나 다시 오르니 바다 위에 길게 낀 구름이 변화무상하였고 눈 덮인 성城처럼 쌓였는데, 발아래 천지가 마치 나뉘지 않은 혼돈混沌의 세계와도 같아서, 또한 기이한 장관이었다. 마침내 주 선생의 "낭랑히 읊으며 축융봉을 내려간다."라는 시구[109]를 읊조리면서 서쪽으로 꺾어 10

---

108) 영주산(瀛洲山): 동해에 있다는 삼신산(三神山)의 하나이다.
109) 주 선생이……라는 시구: 주자(朱子)의 「축융봉시(祝融峰詩)」에 "낭랑히 읊으며 축융봉을 내려간다.[朗吟飛下祝融峰]"에서 인용했다.

여 리를 내려왔다. 월정대를 돌아보니, 높직이 허공에 걸려 있어서 황홀하기가 마치 낭풍현포閬風玄圃[110] 위에서 노닐다가 인간 세상에 떨어진 것 같아서, 내 심정이 쓸쓸하고 즐겁지 않았으니, 참으로 당唐나라 사람이 쓴 시의 "고개 돌려 현산峴山을 바라보자니, 고향과 이별하는 사람 같구나."라는 구절[111]과 같았다.

지지포知止浦를 거쳐 바닷가에 이르러 채석강采石江[112]을 보았다. 층층절벽이 마치 병풍이나 장막처럼 우뚝하게 서 있는데, 그 모양이 완연히 책을 쌓아 놓은 것 같아서 '책암冊巖'이라고 부른다. 어떤 것은 높고 어떤 것은 낮으나 모두 네댓 길은 되고, 멀리서 보면 단지 하나의 해안일 뿐이지만 다가가 가까이서 보면 얼룩덜룩한 다섯 가지 빛깔을 띠고 있었다. 바닥의 너른 바위가 좌우로 수 삼 리요, 자갈이 쌓여 마치 모래 언덕 같은데 하나하나가 갈고 닦여서 광택이 반들반들하여 기괴한 모습을 형용할 수 없었으니, 조물주의 기교가 어찌 이런 경지까지 이르렀단 말인가. 미 원장米元章처럼 도포와 홀을 갖추어 절하고 싶었다.[113]

얼마 뒤에 해안 위에서 사람 소리가 들리는데, 이는 정 형이 앞서 꼭대기를 따라 올라갔다가 여기로 와서 적벽강赤壁江이 너무나도 좋다고 말하니, 지팡이 짚고 달려가 서쪽으로 수 리 쯤을 돌아가니, 과연 절벽 수십

---

110) 낭풍현포(閬風玄圃): 현포는 고대 중국의 전설에서 곤륜산(崑崙山) 꼭대기에 있는 신선의 거처로서 온갖 기이한 꽃들과 바위들로 가득 차 있다고 알려져 있다. 북위(北魏) 때 역도원(酈道元)이 편찬한 『수경주(水經注)』「하수일(河水一)」에 따르면 그곳을 '낭풍(閬風)'이라고도 부른다고 했다.

111) 당나라 사람이……라는 구절: 당나라 시인 전기(錢起, 722~780)가 쓴 시 「강행무제(江行無題)」에 "峴山回首望 如別故鄕人"라는 구절이 나온다.

112) 채석강(采石江): 채석강은 오늘날 부안(扶安) 채석강(彩石江)을 말하는데 격포항에서 격포해수욕장까지 이어지는 길이 1.5km의 해안절벽이다. 해수면 아래로 보이는 암반의 색이 영롱해서 붙여진 이름이다. 돌출된 지역인 탓에 오랜 세월 바닷물에 깎인 퇴적층은 마치 수 만권의 책을 쌓은 듯한 거대한 층리를 이루며 장관을 이룬다.

113) 미 원장(米元章)처럼……절하고 싶었다: 미 원장은 송나라 때에 문장을 비롯하여 서화에 모두 뛰어났던 미불(米芾)을 가리킨다. 원장은 그의 자이다. 미불이 일찍이 무위현(無爲縣)에 부임했을 때, 그 청사에 있는 기석(奇石)을 보고는 매우 좋아하여 즉시 의관을 정제하고 그 돌에게 절했다는 데에서 온 말이다.

장과 만났는데 해안 주위가 온통 붉어서 기이한 장관이었다. 만약 정 형이 아니었다면 이러한 기이한 볼거리를 거의 놓칠 뻔했다. 또 신기루蜃氣樓[114]가 어제 위도蝟島에서 생겼는데 이전보다 더욱 장관이라고 들었는데 미처 보지 못함이 한스러웠다. 적포赤浦를 지나 도청현道淸峴을 넘어 하포(夏浦)에서 묵었다.

동북쪽으로 4, 5리를 가서 내소사來蘇寺 동구로 들어가니, 마치 큰 길을 달리는 듯한데, 좌우에는 전나무가 높이 솟아 줄지어 서 있었다. 지나면서 은적암隱寂菴을 보고는 내소사에 도착하니, 그윽하고 깊으며 깨끗하고 아름다워 정신이 홀연히 새로워졌으니, 참으로 이름난 가람伽藍이었다. 세상에서는 소정방이 이곳에 머물려고 왔기 때문에 절 이름으로 삼았다고 한다. 봉래루蓬萊樓에서 이름을 적고 누각의 오른쪽에서 올라가 청련암青蓮庵과 사자암獅子庵을 방문하니, 더할 수 없이 깨끗하여 마음을 둘 만했다. 또 몇 리를 가서 취령대鷲嶺臺에 올랐다. 취령대는 봉우리 허리에 있는데 엮은 암자가 호젓하여 한 점 티끌도 없고, 앞에는 향로암香爐菴이 있는데 눈길 끝까지 걸릴 것 없어서 큰 바다가 발아래에 있었다.

산을 나와 여러 벗과 헤어지고 천태산天台山을 지나 태천苔川 김지수金地粹[115]의 유적을 방문하고, 그의 방계 자손 김낙현金洛鉉과 정읍井邑에 가서 고암서원考巖書院[116]을 배알하고, 읍내에 들어가서 문정공文正公의 수명유허

---

114) 신기루(蜃氣樓): 해루(海樓)·신루해시(蜃樓海市)라고도 한다. 신(蜃)은 대합(大蛤)을 말하는데, 중국의 전설에 따르면, 대합이 토해 내는 기운이 누대(樓臺)나 성곽의 형상처럼 보인다고 한다. 『사기』의 『천관서(天官書)』편에서는 "바닷가 대합이 토해 내는 기운은 누대처럼 보이고, 넓은 들판의 기운은 궁궐을 이룬 듯하다.[海旁蜃氣象樓臺 廣野氣成宮闕然]"라고 하였다.

115) 김지수(金地粹, 1585~1639): 자는 거비(去非)이고 호는 태천(苔川)·태호(苔湖)·천태산인(天台山人)이며 본관은 의성(義城)이다. 1616년(광해군 8) 증광 문과에 병과로 급제했다. 청나라가 새롭게 일어나는 현실에서 존주사상(尊周思想)에 철저했던 인물로, 늙어서는 천태산 밑에 집을 짓고 풍류와 독서로 소일하며 세상과 인연을 끊었다. 이조판서(吏曹判書)에 추증되었으며, 고부의 도계서원(道溪書院)에 제향되었다. 저서로는 『태천집(苔川集)』 3권이 전한다. 시호는 정민(貞敏)이다.

116) 고암서원(考巖書院): 전라북도 정읍시에 있던 서원이다. 송시열(宋時烈)이 국문을 받기 위해 서울로 가던 중

비受命遺墟碑[117]를 찾았는데 관아 문 남쪽 몇 걸음쯤에 있으니, 곧 김애룡金愛龍[118]이 옛날에 살던 집터였다. 도곡陶谷[119]이 지은 비문을 읽고 이리저리 서성이며 감흥에 젖었는데, 올해가 더욱 심하였다.

다시 순협淳峽으로 돌아와 행장을 꾸려 출발해서 전주全州에 도착하여 누대樓臺와 화류花柳의 빼어난 곳을 마음껏 보고, 마침내 집으로 돌아와서 기억을 더듬어 추서追書해서 유람기로 삼는다.

원문原文

邊山. 海嶽也. 名於國中. 世稱小蓬萊. 東峯月沙. 皆以金剛智異. 論甲乙. 余嘗願見. 是歲始南遊. 將尋玆山之勝. 先訪尹致敬. 高台鎭于山下. 鄭兄曾與有約. 欲使爲主人也. 又逢鄭戚㳆同發. 過鳳隱洞. 東有七星菴. 幽絶可愛. 歷兜率菴. 入開巖寺. 吃齋. 從北取磴途. 迤上四五里. 穹林大木. 上不見天日. 攀援樹枝. 努力以進. 抵遇金巖. 磅礴千仞. 中坎爲窟. 廣可建五架屋. 昔蘇定方伐百濟. 到此. 遇新羅法敏王. 故巖名由是也. 客入窟弄簫. 聲應如相和. 北折而降. 山脊小逕. 紆縈蟠屈. 豈所謂

정읍에서 사약을 받고 죽었는데 6년 뒤에 무죄가 밝혀져 서원에 배향하고 유허비를 세웠다. 현재는 당시의 서원 유허지(遺墟址)에 비만 남아 있다.

117) 수명유허비(受命遺墟碑): 비의 정식 명칭은 '송우암수명유허비(宋尤庵受命遺墟碑)'이다. 이 비는 송시열(宋時烈, 1607~1689)이 1689년(숙종 15)년 2월에 제주도로 유배되었다가 다시 서울로 압송되던 중에 정읍에서 사사(賜死)되었으나, 그 뒤 무고(無辜)함이 밝혀져 1731년(영조 7)에 사사당한 현 위치에 건립한 수명유허비(受命遺墟碑)이다. 1925년에 비각을 다시 건립하였으며, 1973년에 전면의 흙담을 헐고 철책을 둘렀다.

118) 김애룡(金愛龍): 장악원(掌樂院)의 악공(樂工)으로 현종 때 궁중 음악인이다.

119) 도곡(陶谷): 도곡은 이의현(李宜顯, 1669~1745)의 호이다. 자는 덕재(德哉)이고 본관은 용인(龍仁)이다. 1694년(숙종 20) 별시문과(別試文科)에 병과(丙科)로 급제했다. 1735년 영의정(領議政)이 되었다. 『경종실록』 편찬에도 참여하였고, 글씨도 잘 써 여러 비문에 필적을 남겼다. 저서에 『도곡집(陶谷集)』이 있다. 시호는 문간(文簡)이다.

路轉山腰三百曲者耶. 行六七里. 到平地. 曲折渡溪. 轉西而行. 得實相寺. 憩小頃. 沿流深入. 杜鵑盛開. 山杏亦如之. 逸興緩步. 乃抵直沼. 岡脊成凹. 巨石橫臥陡斷. 上下皆有潭. 上潭水受澗流. 穿壁瀉出. 測之. 高可數十仞. 聲類雷鼓. 飛沫噴薄. 灑人衣巾. 下潭大如方塘. 黝碧且深. 從者咸叫奇壯. 余獨啞然曰. 此何足以償. 較諸九龍朴淵. 如河海之於行潦矣. 顧視之. 客已登巔. 橫笛縹緲. 若鸞鳳簫來自雲霄. 還出故途. 左折而上. 崎嶇嶮峻. 直上者爲五六里. 迤登者亦三數里. 蹣跚匍匐. 攀磴而升. 進進不已. 遂窮其頂. 眞所謂循序漸進. 下學上達. 自造高明之域也. 坐憩樹陰. 巡酒止渴. 緣崖邐入. 至月明菴. 安穩奇絶. 益非凡境. 而新燬未構. 又上一里. 抵月頂臺. 是爲此山上峯. 而兩石對立. 屹然如角. 俯視銀海撲天. 海上羣山. 海中諸島. 出沒雲際. 落照射之. 靑蔥眩耀. 望之使人神思飛越. 若出宇宙外. 蓋是山雄蟠海窟. 周遭百餘里. 若頳而起. 若鷙而止. 幽深高遠. 而但少明秀瑰奇之態. 不可與金剛論. 且瀛洲世稱漢挐. 而東峯特以玆山當之者. 似過矣. 月沙盛言海仙臺曰. 雖在金剛. 爲第一. 遠過佛頂臺. 余博詢無有知者. 無乃天慳地秘. 不許俗人觀耶. 還下月明. 寄宿傍寮. 早起復上. 海雲濛濃. 變態無常. 堆積雪城. 履底乾坤. 如混沌未竅時. 亦奇觀也. 遂詠朱先生朗吟飛下祝融峯之句. 西折而降十餘里. 回望月頂. 高在天半. 怳然若遊戲於閬風玄圃之上. 下落人間. 余懷悄然不樂. 眞唐人詩峴山回首望. 如別故鄉人者也. 歷知止浦. 至海上. 觀采石. 層壁束立如屛幛. 其形宛似積冊. 名曰冊巖. 或高或低. 皆可四五丈. 遠見只是一海岸. 迫近視之. 斑斑有五色. 底盤廣石. 左右數三里. 卵石積如沙丘. 箇箇練磨. 光潤璀璨. 奇怪莫狀. 造物之巧. 何以至此. 欲取米元章袍笏拜之也. 俄聞岸上有人聲. 乃鄭兄先從上頭至此. 劇言赤壁之好. 策杖而走. 轉西數里許. 果有絶壁數十丈.

周圍海岸. 朱赤奇壯. 若非鄭兄. 幾失此奇觀也. 又聞蜃樓昨起蝟島. 視前尤壯. 而恨未及見. 過赤浦. 踰道清峴. 投宿夏浦. 東北行四五里. 入來蘇洞口. 路馳如康莊. 左右杉檜. 挺立成行. 歷覽隱寂菴. 到來蘇寺. 幽深淨麗. 意想忽新. 信名藍也. 世傳蘇定方來留. 寺以是名云. 題名蓬萊樓. 右趾而上. 訪靑蓮獅子二菴. 淸絶可意. 又數里. 登鷲嶺臺. 臺在峯腰. 結菴蕭然. 無一點埃. 前有香爐菴. 極望無際. 大海在履底矣. 出山而別諸友. 過天台山. 訪金苔川地粹遺蹟. 與其傍孫金洛鉉. 往井邑. 謁考巖書院. 入邑尋文正公受命遺墟. 在官門南數武許. 卽金愛龍舊居也. 讀碑文. 陶谷所作. 徘徊興感. 此歲尤深. 復還淳峽治發. 到全州. 縱觀樓臺花柳之勝. 遂歸家. 追書所歷. 以爲之記.

출전: 宋秉璿,『淵齋集』,「邊山記」

125

17

유사산기

遊獅山記

이희석李僖錫

이희석(李僖錫, 1804~1899): 자는 효일(孝一)이고 호는 남파(南坡)이며, 본관은 인천(仁川)이다. 1880년(고종 17) 경진(庚辰) 증광시(增廣試) 진사(進士) 3등(三等)으로 합격하였다. 저서로 『남파집(南坡集)』이 있다.

해제解題

「유사산[120]기遊獅山記」는 이희석李僖錫, 1804~1899이 벗인 김윤성金允性과 뜻을 같이하여 여러 벗들과 함께 사산을 둘러보고 쓴 유람기이다. 그들은 병암屏巖 · 은적암隱寂菴을 거쳐 꼭대기인 제암帝巖에 올랐는데, 그곳에 있는 바위 때문에 산의 명칭을 '사산'이라 한 것도 볼 수 있다. 작자인 이희석은 '사산과 천관산天冠山의 우열이 비슷하다'는 계항桂巷 위백규魏伯珪의 생각과 달리하고 있다. 천관산은 그 나름대로 기이한 볼거리가 있어 남쪽 지방의 이름난 산이 되었다고 하고, 사산은 산이 높은 곳에 자리하여 조산祖山의 기세가 있어 남쪽의 천관산 또한 그로부터 나온 것이기에 그 이바지함이 작지 않다고 말하면서 두 산이 가진 각각의 특색을 기록해 두었다.

국역國譯

보통 사람들의 생각이 귀로 듣는 것은 귀하게 여기면서 눈으로 보는 것은 천하게 여기고, 가까이 있는 것은 소홀히 하면서 멀리 있는 것을 중요시하는데, 이것은 옛날이나 지금이나 공통된 근심이다. 나는 일찍이 굴자屈子처럼 멀리 유람하고 싶은 병통[121]을 가져서 오악의 명산을 한두 군데

---

120) 사산(獅山): 제암산(807m), 억불산(518m)과 함께 장흥의 삼산(三山)으로 불리는 사자산(獅子山, 666m)으로, 장흥군 안양면 기산리에 위치한다. 정상 서쪽의 두봉(560m)이 사자머리, 두봉에서 정상까지 이어지는 능선이 허리, 정상 남쪽 능선이 꼬리로, 사자가 하늘을 우러르는 사자앙천형(獅子仰天型)의 모습을 하고 있다.

121) 굴자(屈子)처럼……병통: 굴자는 굴원(屈原, 기원전 343~기원전 278)을 가리킨다. 그는 전국 시대 초(楚)나라 사람으로 이름은 평(平)이고, 별호는 영균(靈均)이다. 회왕(懷王)의 신임이 두터웠는데 참소를 당하여 멀어지게 되자, 이소(離騷)를 지어 충간(忠諫)하여 왕을 깨우치고 다시 기용되었다. 그러나 다시 참소로 강남(江南)에 귀양을 가게 되자 돌을 품고 멱라수(汨羅水)에 빠져 죽었다. 또한 귀양살이 중에 세속을 하찮게 여기고, 인간의 수명이 짧은 것을 슬퍼하여 세상 밖에 노닐고 싶은 염원을 노래한 「원유부(遠遊賦)」를 지었다.

는 대충이나마 유람했으나 가까운 것은 더러 빠트렸다.

하루는 벗 김윤성金允性이 문득 사산獅山을 유람하고 싶은 생각이 들었는데, 말 한마디에 서로 뜻이 맞았다. 곧바로 산을 유람할 준비를 하여 성칙聖則과 태화泰華, 석여錫汝, 경범敬範 등의 벗들과 안양安壤, 전남 장흥으로 길을 잡았는데, 백아白雅와 응현鷹玄도 따라왔다. 곧바로 사산 아래 거개居開, 장흥군 장동면 용곡리 마을로 갔는데, 집안사람 성일性一과 평중平中의 집이 있다. 이 주인이 되어 맞이하였다. 밤에는 폭우가 쏟아져서 개울물이 모두 넘쳐흘렀는데, 다음날 아침에는 날씨가 쾌청하였다. 주인이 한 어린 종에게 몇 되의 밥을 싸게 하고 한 항아리의 술을 싣게 하였다.

산 동쪽에서 벼랑을 따라 가다가 병암屛巖 아래에 이르러 잠깐 쉬었다. 바위 모양은 못생겼으며, 높이는 수십 길이고 넓이 또한 높이와 비슷했으나 볼품없는 하나의 큰 돌덩이였다. 이어서 은적암隱寂菴 옛터를 지나 길을 꺾어 병암 꼭대기에 올랐는데, 날은 오전 10시를 지난 때이지만 북풍이 강하게 불어 모두들 갓을 벗고서 고개를 넘어 석주石柱 아래에 도착하였다. 고개 하나 사이라도 남쪽과 북쪽이 매우 달라서 바람이 조금도 불지 않으므로 음식을 널어놓고서 손으로 집어 먹었다.

조금 후, 겉옷과 갓을 벗어 평탄한 곳에 놓고 짚고 다니던 지팡이를 버리고 꼭대기를 바라보며 올라갔다. 정상을 눈앞에 두고는 2개의 길이 있는데, 하나는 돌사다리이고 다른 하나는 돌구멍이었다. 민첩한 사람들은 돌사다리로 올라가고 몸이 둔한 사람들은 돌구멍으로 들어갔는데, 돌구멍은 7, 8아름이었다. 나는 정신을 바짝 차리고 발 디딜 때 마다 조심하고 잠시도 한눈팔지 않으면서 손은 돌부리를 부여잡고 등은 바윗면에 붙여 가며 조심조심하기를 백 곱절도 더해서 발을 질질 끌다시피 해서 구멍에서 나와 마침내 꼭대기에 올라 제암帝巖으로 올랐다. 제암 위에는 5, 60

명이 앉을 만은 하지만 바윗면이 울퉁불퉁하여 흥을 돋울만한 곳은 없었다. 비록 그렇지만 이 산이 사산이라고 불리는 것은 이 바위 때문이다. 산이 높아 바람이 심해서 오랫동안 머물 수 없어서 마침내 돌사다리를 이용해서 내려왔는데, 의상암義相菴에 이르러서야 길이 조금씩 편편해져 오랫동안 이리저리 둘러보고 족인族人과 남북으로 헤어졌다.

아! 내가 늙은 나이에 기이한 곳을 찾고 괴상한 것을 가까이 하여 험한 꼴을 당하더라도 그치지 않아서 위태로웠던 적이 여러 번이었다. 이 마음을 미루어 볼 것 같으면 종유굴鍾乳窟도 볼만하고 이룡주螭龍珠도 구경할 만하지만, 결코 군자의 삼가고 조심하는 길은 아니다. 다만 세상인심이 험난해서 집을 나서면 뜻대로 되는 일도 없고 땅에는 발을 붙일 곳도 없다. 그러므로 항상 깊은 산이나 험한 두메를 들으면 선뜻 가고 싶은 마음이 생겨서 절름발이나 앉은뱅이처럼 빈집을 지키고 싶지 않느니, 이것이 어찌 그만둘 수 있는 것이겠는가.

삼가 계항桂巷[122] 위공魏公을 살펴보니, 일찍이 이 산을 유람하고 작은 기록을 남겼는데, 당시 공의 나이가 65세였다. 문인文人이 기이한 곳을 찾는 것은 옛날이나 지금이나 차이가 없지만, 내가 당시의 공보다 한 살이 많았다. 공과 같은 세대에 태어나 함께 바람을 들이키고 번개를 채찍질하지 못한 것이 한스러워 머리를 긁적이며 푸른 하늘에 물어 보았다.

다만 공의 저술에는 사산과 천관산天冠山의 우열이 비슷하다고 했는데,

122) 계항(桂巷): 위백규(魏伯珪, 1727~1789)의 호이다. 그의 자는 자화(子華)이고 호는 존재(存齋)·계항(桂巷)·계항거사(桂巷居士)이며, 본관은 장흥(長興)이다. 처음에 증조부에게 수학했고 유년기를 지난 뒤에는 자수면업(自修勉業)하다가 윤봉구(尹鳳九)에게 경서·의례·이기심성론(理氣心性論)에 관한 학문적 계도를 받았다. 1794년(정조 18) 68세 때 서영보(徐榮輔)의 천거로 저술과 덕행이 정조에게 알려져 선공감부봉사(繕工監副奉事), 기장(機張)·태인(泰仁)·옥과현감(玉果縣監), 장원서별제(掌苑署別提)·경기전령(慶基殿令) 등을 차례로 지냈다. 1805년(순조 5) 향리 유생들의 발의로 죽천사(竹川祠)에 배향되었다. 저서로는 『존재집(存齋集)』·『정현신보(政絃新譜)』·『사서차의(四書箚義)』·『환영지(寰瀛誌)』·『본초강목(本草綱目)』·『고금(古琴)』·『격물설(格物說)』·『원류(原類)』·『연어(然語)』 등이 있다.

내 생각은 그렇지 않다. 천관산이 비록 작지만, 바위와 시내와 크고 작은 골짜기 하나하나가 마노碼碯를 만들어 낸 것 같아서 기이한 볼거리가 있으므로 남쪽 지방의 이름난 산이 되는 것에 아무런 문제가 없다. 사산은 돌부리가 깎은 듯 가파르고 산의 지세가 서리서리 얽혀서 천관산과는 크게 다른 것이 있으므로 같은 부류라고 말해서는 안 되고, 다만 산이 높은 곳에 자리하여 조산祖山의 기세가 있다. 산의 한줄기가 동쪽으로 구불구불 수백리를 치달려 팔영八影·조계漕溪·백운白雲 등의 뭇 산이 되었는데, 백운산과 두류산頭流山은 서로 우뚝하니 마주하였고, 전암殿巖이 호수의 수구水口이다. 남쪽의 천관산 또한 사산에서 나온 것이니 그 이바지함이 어찌 작겠는가?

산수山水에 대한 기록은 유종원柳宗元[123) 이후로는 다시 더 손댈 곳이 없는데다가 남방의 여러 산들은 특히 보잘 것 없어서 욕심낼 만한 경치나 기억할 만한 기이한 곳이 없다. 다만 형편에 따라 적당한 곳을 취하여 한때의 유람으로 삼고자 하였다. 그러므로 발품 판 흔적들을 대략 기술하여 산중의 이야기꺼리로 삼는다.

원문原文

恒人之情.　貴耳而賤目.　忽近而圖遠.　此古今之通患.　余早抱屈子遠遊之

---

123) 유종원(柳宗元, 773~819): 자는 자후(子厚)이며 당송8대가(唐宋八大家)의 한 사람이다. 진사 시험을 거쳐 33세에 상서예부원외랑(尙書禮部員外郞)이 되었다. 당 순종 때, 유우석(劉禹錫) 등과 함께 귀족 세력을 누르는 개혁정치를 실시하려고 하였으나 실패하고 영주사마(永州司馬)로 좌천되었다. 이후 다시는 중앙으로 돌아오지 못하고, 43세 때 유주자사(柳州刺史)로 옮겨져 47세에 그 곳에서 죽었다. 그는 산수유기(山水遊記)로도 널리 알려졌는데, 특히 경물의 특징을 묘사하는 데 뛰어났다. 유명한 『영주팔기(永州八記)』 가운데 「고무담서소구기(鈷鉧潭西小丘記)」는 돌을, 「소석담기(小石潭記)」는 담수어를, 「원가갈기(袁家渴記)」는 초목을 묘사했는데, 각각의 사물을 생생하게 그리고 있다. 또한 세상에 대한 울분을 자연 풍경에 이입하고, 속세와 떨어져 있는 기이한 산수에 마음의 울분을 기탁하여 작품에 반영했다.

病. 而於五岳名山. 粗得其一二. 而近者則或有闕焉. 一日金友允性. 忽起獅山之興. 一言相符. 卽理靈運之屐. 而聖則泰華錫汝敬範諸益. 取路安壤. 白雅膺玄亦從焉. 直向山下居開. 族人性一平中爲主人. 當夜雨下如注. 溪澗皆溢. 翌朝快晴. 主人令一奚童. 裹數升飯. 載一壺酒. 自山東緣崖而進. 至屏巖下小憩. 嵒形龘率. 高可數十丈. 廣亦如之. 頑然一巨石也. 因過隱寂菴舊址. 折而上屏岩上峯. 日過禺中. 北風甚緊. 一行皆免冠而踰嶺. 止石柱下. 一嶺之間. 南北懸殊. 不知有風焉. 因酌酒攤飯. 以手取食. 小選後. 解氅脫帽. 置平隱處. 舍所携杖. 望上頂而進. 臨頂有二徑焉. 一則石梯. 一則石竇. 趫捷者自石梯而上. 遲鈍者從石竇而入. 竇可七八圍. 余乃聚精會神. 一步不忘足. 一瞬不遊目. 手攀石角. 背貼石面. 用戰兢百倍之工. 須臾而出. 遂上絕頂. 登帝巖焉. 上可坐五六十人. 但石面凹凸. 無跌宕之地. 雖然此山之得名以此巖也. 山高風急. 不可久留. 遂從石梯而降. 至義相菴. 稍覺平衍. 顧眄良久. 與族人分手而南北. 噫. 余以衰白之年. 搜奇扶怪. 見險而不止. 濱危者數焉. 若推是心. 則鍾乳之穴可探. 螭龍之珠可探. 決非君子謹愼之道. 而但世道險巇. 出門有礙手. 地無着足之處. 故每聞窮山絕峽. 欣然有欲往之意. 不作鼈蹩之守空堂也. 此豈得已哉. 竊觀桂巷魏公. 曾遊此山. 有小記焉. 是時公年蓋六十五歲也. 文人貪奇. 無古今之異. 而余則比公. 又加一歲. 恨不與公生並一世. 吸風鞭霆. 搔首問靑天矣. 但公所著有似獅山天冠優劣論. 余意則不然. 天冠雖小. 一巖一洞. 一澗一壑. 鍊出碼磄. 有詭異之觀. 不妨爲南服名山. 獅山則石角巉刻. 山勢盤結. 與天冠. 大相徑庭. 不可同年而語也. 但山居高處. 有祖山之勢. 一派東走逶迤數百里. 爲八影漕溪白雲群山. 而白雲與頭流相對. 殿巖湖之水口. 而南則天冠. 亦獅山之所自出也. 其功業豈淺淺哉. 山水之記. 自柳州後. 更無着手處. 而

南方諸山尤淺促.　無可遴勝記奇.　而但隨分占取.　要做自家一時之遊觀.
故略述鞋襪之跡.　以備山中故事云.

출전: 李僖錫, 『南坡集』, 「遊獅山記」

18

서석산기

瑞石山記

송병선宋秉璿

송병선(宋秉璿, 1836~1905): 자는 화옥(華玉)이고 호는 연재(淵齋)·동방일사(東方一士)이며, 본관은 은진(恩津)으로 송시열(宋時烈)의 9세손이다. 경연관(經筵官)·서연관(書筵官)·시강원자의(侍講院諮議) 등에 선임되었으나 모두 거절하고, 무주구천동에 서벽정(棲碧亭)을 짓고 도학을 강론하는 일에만 몰두하였다. 1905년 을사조약이 강제 체결되자 「청토흉적소(請討凶賊疏)」를 올렸고, 을사오적을 처형할 것, 현량(賢良)을 뽑아 쓸 것, 기강을 세울 것 등의 '십조봉사(十條封事)'를 올렸으며, 12월 30일 의(義)로써 궐기하여 국권을 회복할 것을 호소하는 유서를 남겨 놓고 자결하였다. 저서로는 『연재집(淵齋集)』과 『근사속록(近思續錄)』·『패동연원록(浿東淵源錄)』·『무계만집(武溪謾集)』·『동감강목(東鑑綱目)』 등 53권이 있다. 시호는 문충(文忠)이고, 1914년 왕명으로 문충사(文忠祠)를 지어 동생 병순秉珣과 함께 배향되었으며, 1962년 건국훈장 독립장이 추서되었다.

해제解題

「서석산기瑞石山記」는 송병선宋秉璿, 1836~1905이 창평에서 조순曺錞·정해빈鄭海賓·정운오鄭雲五 등 뜻을 같이하는 사람들과 함께 서석산현 광주 무등산과 그 주변을 유람하고 남긴 기록이다. 작자가 서석산 뿐만 아니라 서석산을 향해 가거나 산을 오르내리면서 거쳤던 장소들에 대한 기록을 남겨 놓았다. 그 중 산의 명칭이 되는 이유인 서석瑞石에 대해서 그 기궤한 모습이 조물주가 아니면 만들 수 없는 광경이라고 하면서 감탄해하는 기록도 보인다. 또한 비로봉毗盧峯과 천왕봉天王峯에 올라 광경을 보면서 지리산智異山과 금성산錦城山 등 여러 산이 서석산을 호위하며 알현하는 듯하다 하여 서석산이 호남에서 가장 뛰어난 산이라는 세간의 평을 인정하는 모습도 보인다.

국역國譯

호남의 여러 산 중에 서석산[124]이 가장 웅장하고 뛰어나서 '무등無等'이라고 일컫는다. 나는 지리산으로부터 서석산에 가서 유람하려고 창평昌平에 사는 표형表兄 정해최鄭海取를 방문하여 조순曺錞·정해빈鄭海賓·정운오鄭雲五 등 뜻을 같이하는 이들과 함께 송강정松江亭·식영정息影亭·환벽정環碧亭을 일일이 찾고, 길을 돌아서 소쇄원蕭灑園에 들어갔다. 골짜기가 그윽하여 수

---

124) 서석산(瑞石山): 무등산(無等山)의 고려 때 이칭으로 광주광역시 북구와 전라남도 화순군 이서면 및 담양군 남면에 걸쳐 있는 산이다. 무등산은 비할 데 없이 높은 산 또는 등급을 매길 수 없는 산이라는 뜻이다. 북쪽의 나주평야와 남쪽의 남령산지(南嶺山地)의 경계에 있는 산세가 웅대한 산으로, 통일신라 때 무진악(武珍岳) 또는 무악(武岳)으로 표기하다가 고려 때 서석산(瑞石山)이란 별칭과 함께 무등산이라 불렸다. 이 밖에도 무당산·무덤산·무정산 등 여러 산명을 갖고 있다.

석이 맑고 시원스러우며 천 이랑 대밭은 위천渭川[125]에 뒤떨어지지 않는데 자태가 뛰어나게 아름다워서 신령스런 곳이라고 할 만하니, 하서河西[126]가 쓴 「소쇄원사십팔영瀟灑園四十八詠」에 이를 다 담았다.

충효리忠孝里에 들러서 김장군[127]비문金將軍碑文을 읽었다. 비석 뒤에 오월당梧月堂이 있는데 이곳은 장군이 살던 터였다. 그 후손이 나와서 남아 있는 글씨를 보여주었는데 강건하고도 정밀하여 중국인들이 악무목岳武穆[128]의 필체와 같다고 칭송했다고 한다.

사인암舍人巖과 풍암정楓巖亭을 거쳐 물길을 따라서 돌을 밟으며 가는데 고죽苦竹[129]이 길 양쪽에 들쭉날쭉 서 있었다. 몇 리를 가서 큰 바위를 만나 앉아서 쉬었다가 저물녘에 원효사元曉寺에 투숙했는데, 바로 신라 승려

---

125) 위천(渭川): 중국 장안(長安) 주위를 흐르는 위수(渭水)로, 대나무가 무성하게 자라는 곳으로 유명한데, 『사기 (史記)』「화식열전(貨殖列傳)」에 "제노 지방에는 천 이랑의 뽕나무와 삼이 있고, 위천에는 천 이랑의 대나무 가 있으니⋯⋯이것을 소유한 사람들은 그 부가 모두 천호후와 맞먹는다.[齊魯千畝桑麻 渭川千畝竹⋯⋯此 其人皆與千戶侯等]"라는 말이 나온다.

126) 하서(河西): 김인후(金麟厚, 1510~1560)의 호이다. 자는 후지(厚之), 호는 하서(河西)·담재(湛齋), 본관은 울 산(蔚山)이다. 1540년 별시문과에 병과로 급제하여 권지승문원부정자(權知承文院副正字)에 임용되었으며, 1543년 홍문관 박사 겸 세자시강원 설서(弘文館博士兼世子侍講院說書)·홍문관 부수찬(弘文館副修撰)이 되어 세자를 보필하고 가르치는 직임을 맡았다. 저서로는 『하서집(河西集)』·『주역관상편(周易觀象篇)』·『서명 사천도(西銘事天圖)』·『백련초해(百聯抄解)』 등이 있다. 1796년(정조 20) 문묘에 배향되었고, 장성의 필암서원 (筆巖書院)과 옥과의 영귀서원(詠歸書院)에 제향되었으며, 대광보국숭록대부 영의정 겸 영경연(大匡輔國崇祿 大夫領議政兼領經筵)·홍문관·예문관(藝文館)·춘추관(春秋館)·관상감사(觀象監事)에 추증되었다. 시호는 문정(文正)이다.

127) 김장군(金將軍): 김덕령(金德齡, 1567~1596)을 말한다. 자는 경수(景樹), 본관은 광산(光山)이다. 임진왜란 때 종군 명령이 내려졌으며, 전주의 광해분조(光海分朝)로부터 익호장군(翼虎將軍)의 군호를 받았다. 1594년 의 병을 정돈하고 선전관이 된 후, 권율(權慄)의 휘하에서 의병장 곽재우(郭再祐)와 협력하여, 여러 차례 왜병 을 격파하였다. 1668년 병조참의(兵曹參議)에 추증되었다. 1678년(숙종 4) 벽진서원(碧津書院)에 제향되었고, 1681년 병조판서(兵曹判書)에 추증되었다. 영조 때 의열사(義烈祠)에 형 덕홍(德弘)·아우 덕보(德普)와 병향 (竝享)되었고, 1788년(정조 12) 좌찬성(左贊成)에 증직되었다. 시호는 충장(忠壯)이다.

128) 악무목(岳武穆): 무목은 악비(岳飛, 1103~1141)의 시호 중 하나이다. 자는 붕거(鵬擧)이다. 금(金)나라 군사의 침입으로 북송(北宋)이 멸망할 무렵 의용군에 참전하여 전공을 쌓았다. 구국(救國)의 영웅으로 악왕묘(岳王 廟)에 배향되었다. 1914년 이후에는 관우(關羽)와 함께 무묘(武廟)에 합사(合祀)되었다. 학자로서도 뛰어났으 며, 저서에 『악충무왕집(岳忠武王集)』이 있다. 시호는 무목(武穆), 충무(忠武)이다.

129) 고죽(苦竹): 산병죽(傘柄竹)이라고도 한다. 높이가 4m까지 자라고 잎은 바늘 모양이다. 종이·우산대·붓 등을 만드는 재료로 사용한다.

136

원효가 창건한 절이니 법당에 원효의 초상이 걸려 있었다.

일찍 일어나서 서둘러 밥을 먹고 산에 올랐는데, 때마침 비 갠 뒤라 바위 아래에서 때때로 샘물소리가 어렴풋이 들렸으나 물은 보이지 않고 다만 소리만 들리는데, 마치 어딘가에서 축筑이 울어대는 것처럼 소리가 영롱하였다. 구불구불한 돌 비탈길을 가며 의상암義相菴 터를 지나 10리 쯤 더 가서 함춘령涵春嶺에 다다르니, 갑자기 안개가 일어나 앞을 분별하지 못해 휴식을 취하고 있는데 잠시 뒤에 개었다. 지팡이 짚고 앞으로 나아가니 산세가 험준하여 멀리 하늘과 닿을 듯하여, 한 자 나아갔다가 여덟 자 물러났다. 이와 같이 몇 리를 가자 길이 다하고 앞이 낮아지며 문득 눈앞이 확 트였는데, 마치 겹겹의 포장을 걷고 밝은 해를 보는 듯이 상쾌하였다.

산을 따라 오른쪽으로 돌아서 끊어진 벼랑 아래를 보니 바위무더기가 즐비하게 서서 길이가 100자는 되고 바위 하나하나가 네모나고 곧아서 먹줄과 자, 칼과 톱을 써서 만든 듯한데, 이것이 이른바 서석瑞石이었다. 바위들이 첩첩이 높고 험준하여 마치 사람이 서 있는 듯, 병풍을 펼친 듯, 부용芙蓉이 피어난 듯, 하늘의 궁전이 드리운 듯한 것들이 자못 헤아릴 수 없으니, 아마도 조물주가 바람과 우레를 불러 모아 이렇게 기궤하게 만들지 않았겠는가?

몇 리쯤 내려와 또 입석立石을 만났는데 층층이 늘어서서 빽빽한 것이 마치 봄날 죽순이 다투어 솟은 듯하였다. 멀리서 바라보면 마치 높은 관을 쓴 덕스러운 사람이 홀을 들고 손을 모아 절하는 듯하고, 다가가서 보면 마치 겹겹이 빗장 건 철성鐵城 속에 수많은 갑병이 있는 듯하였다. 그 중의 하나가 외롭게 우뚝 서 있는데, 마치 세상을 등진 선비가 세속을 떠나 홀로 선 듯하였다. 똑바로 서 있는 기이한 경관이 비록 동해의 총석정

叢石亭에는 미치지 못하나, 또한 조물주가 만든 것이지 인간의 힘으로 미칠 바가 아니었다. 서석산에는 무너진 총석叢石이 많다는데 옛사람이 본 만큼 보지 못하여 아쉬웠다.

북쪽으로 꺾어 올라가서 바위 사이를 보니, 흰 꽃이 흐드러지게 피어서 종자가 백랍白蠟[130]인가 싶어서 달려가 보니, 곧 나뭇가지가 얼어서 꽃처럼 보이는 것이었다. 반야봉般若峯 뒤를 따라서 바위틈에 발을 디디고 더위잡아 올라 험한 곳을 건너 산허리에 다다르니, 갑자기 봉우리가 가운데가 끊어졌다. 끊어진 양쪽 벼랑의 거리가 몇 자가 되어 뛰어넘을 만하지만, 혹 실족할까봐 두려워서 다시 내려와 남쪽으로 올라가 꼭대기에 이르러 숨을 크게 몰아쉬었으나 안정이 되지 않아서 술을 불러 잔을 가득 채웠다.

비로봉毗盧峰과 천왕봉天王峰을 뛰어서 올랐는데, 이 두 봉우리가 서석산의 가장 높은 곳이다. 동쪽이 천왕봉이고 가운데가 비로봉인데 그 사이가 100자는 되고, 서쪽은 반야봉인데 비로봉과 거리가 또 삼베 한 필의 길이쯤 되며 모두 돌로 이루어져 있고, 몸체는 뚝 끊겼다. 벼랑을 따라 늘어앉아서 서둘러 술잔을 돌리니, 표연히 바람타고 떠다니고 싶은 마음이 생겼다. 이날은 날씨가 흐려 눈길이 미치는 끝까지 볼 수는 없었지만 지리산과 금성산錦城山 등 여러 산이 눈앞에 늘어서서 사방에서 호위하며 마치 알현하는 듯하여, 서해와 남해가 푸르게 둘러싼 중에 은은하게 구름 기운을 띤 듯한 것이 아마도 한라산인 듯하나 꿰뚫어 볼 수 없는 것이 한스러워 끝없이 부는 바람을 타고 물결을 부수고 싶은[131] 내 뜻을 위로

---

130) 백랍(白蠟): 쥐똥나무나 광나무에는 백랍벌레라 하여 언뜻 보아 초파리 모양의 벌레가 기생한다. 이들의 애벌레가 가지의 겉에다 하얗게 뒤덮은 가루물질을 말한다.

131) 장풍을 타고 물결을 부수고 싶은: 남조(南朝) 송(宋)의 종각(宗慤)이 소년 시절에 "장풍을 타고 만 리의 물결을 부수고 싶다.[願承長風破萬里浪]"고 포부를 밝힌 고사가 있다.

138

하였다.

오래 앉았다가 동쪽으로 내려오니 왼쪽에 쌓인 벽돌이 눈에 가득 들어왔는데, 지공력[指空礫]이라고 했다. 또 8, 9리를 더 가서 규봉圭峯에 도착했다. 석벽이 산기슭을 에워싸고 동쪽으로 튀어 나온 모양이 흡사 홀 같았는데, 그 기이함이 입석과 서로 견줄 만했고, 위치가 탁 트이고 생김새가 커서, 어떤 면은 입석보다 빼어났다. 또한 얼마쯤 지나가서 전방 몇 리쯤에서 광석대廣石臺를 만났는데, 널찍하고 편안하여 100여 명이 앉을 만했다. 삼존석三尊石이 그 남쪽에 있는데 푸르게 우뚝 솟았고, 서쪽에는 또한 길을 막고 있는 바위가 있는데, 마치 문설주 같은 모양이었다. 그곳을 넘어 들어가니, 곧 문수암文殊菴 옛터였다. 초옥 몇 칸을 얽었는데 거사 한 명이 살고 있어서 끓인 물을 얻고 밥도 먹었다.

풍혈대風穴臺를 보려고 돌 비탈길을 더듬으며 꺾어서 올라가다가 벼랑을 따라 남쪽으로 돌아가니 아래로 산줄기가 끊어진 곳이 보이는데 침침하여 땅이 보이지 않는다. 벼랑이 끝나자 풍혈대 아래에 이르렀다. 바위틈에 있는 작은 구멍은 지름이 한 자쯤인데 위로 뚫고 가야 꼭대기에 이르니, 풍혈대에 올라가려면 반드시 구멍 속으로부터 길을 취해야만 했다. 구멍으로 들어가니 배와 등이 부딪치고 쓸려서 갓과 망건을 벗지 않고서는 올라갈 수 없었다. 이윽고 들어가서 잡고 끌어주며 10여 걸음 올라가서야 끝났다. 마치 우물 가운데에서 나온 것 같아서 위험하기 짝이 없었으나, 이 구멍을 지나면 바로 풍혈대 꼭대기였다. 산세를 바라보니 탁 트여서 더욱 상쾌하였다. 누군가가 따라오지 않고 풍혈대 아래에 앉아서 위태로워 올라갈 수 없다고 하니, 내가 돌아보며 비웃었다.

다시 풍혈대를 내려와 서쪽으로 수 백 보를 가니 석실石室 한 채가 있었다. 비바람을 가릴 만한데 사람들은 소은굴小隱窟이라고 한다. 소은굴로부터 남쪽으로 내려오니, 실 같은 좁은 길이 구불구불 서리고 꺾이며 몇 십여 리나 이어졌고, 도원동桃源洞을 지나니 날은 이미 저물었다. 밤에 누워 돌이켜 생각하자니, 황홀하게 한바탕 신선세계를 꿈꾼 듯하였다.

대개 서석산은 추월산秋月山으로부터 와서 높고 크게 치솟아 우뚝하게 진산을 이루어 호남의 형산衡山[132]이 되었고, 또한 남쪽으로 수백 리를 치달아 백운산白雲山과 천관산天冠山을 일으켰다가 월출산月出山으로부터 바다에 들어가 한라산이 되었다고 한다.

원문原文

湖南諸山. 瑞石最雄特. 以無等稱. 余自智異. 將往遊. 訪鄭表兄海寂于昌平. 與一二同志. 曺錞鄭海賓鄭雲五. 窮探松江息影環碧諸勝. 轉入蕭灑園. 洞壑幽邃. 水石淸駛. 有竹千畝. 不讓渭川. 意態奇麗. 可謂靈境. 而河西四十八詠. 盡之矣. 過忠孝里. 讀金將軍碑. 碑後. 有梧月堂. 是將軍古墟. 其後孫出示遺蹟. 遒健精細. 華人稱. 如岳武穆筆. 歷舍人巖楓巖亭. 沿流履石. 苦竹又挾路參差. 行數里. 得大石. 坐憇. 暮投元曉寺. 寺是羅僧元曉所刱. 堂揭遺像. 早起. 促飯上山. 時値雨後. 巖底. 往往有鳴泉暗流. 不見水而但聞聲. 玲瓏若寒筑之響. 蛇行磴道. 過義相菴址. 又十許里. 抵涵春嶺. 忽霧作. 不辨前境. 休少頃乃霽. 杖而前. 山勢嶮峻. 逈若界天. 尺進尋退. 如是行幾里. 路窮前低. 劃然開豁. 快如揭豐蔀而睹白日. 從山右轉. 見斷崖下. 叢石櫛立. 長可百尺. 石皆方直. 類用繩尺刀鉅爲者. 此所謂瑞石. 而嶙峋嵯峨. 如立人. 如開

---

132) 형산(衡山): 중국 오악(五嶽)의 하나인 남악(南嶽)을 말하는데 호남성(湖南省) 동정호 남쪽에 있다.

屏. 如發芙蓉. 如垂天闕者. 殆不可數. 抑神工鬼匠. 號召風霆. 弄此奇詭耶. 下數里許. 又得立石. 層疊布列. 森然若春筍爭迸. 遠而望之. 如峨冠碩人. 端笏拱揖. 迫而視之. 如重關鐵城. 萬甲中藏. 其一特立不倚. 有若違世之士. 離俗獨立. 蓋端立之奇壯. 雖不及東海叢石. 而亦造物之自奇. 非人力所到也. 瑞石多有落叢. 不如前人觀. 可恨. 北折而上. 見巖間. 白花盛開. 從者疑白蠟走之. 乃樹枝冰結而花也. 從般若峯後. 著足巖罅. 躋攀度危. 抵半腰. 峯忽中斷. 兩崖相去數尺. 幾可超越. 而恐或失足. 復降而從南上至巔. 弸息不定. 呼酒滿酌. 走登毗盧天王. 此二峯. 爲一山最高處. 而東曰天王. 中曰毗盧. 其間可百尺. 西曰般若. 去毗盧亦爲一匹長. 皆以石作. 體勢甚斗斷. 緣崖列坐. 羽觴迭飛. 飄然有御風浮遊之意. 是日蒙氣重. 雖不能窮目力. 然智異錦城諸山. 羅列眼前. 環衛若朝宗. 西南大海. 蒼然遙帶. 其中隱隱有若雲氣者. 似是漢挐山. 而恨未能洞觀. 以慰長風破浪之志也. 坐久而東下. 左有積氄彌望. 稱指空礫. 又行八九里. 至圭峯. 石壁繞山麓東出. 形似圭笏. 其奇可與立石相埒. 而位置之寬敞. 形貌之瑰偉. 亦或過之. 前數里許. 得廣石臺. 寬平安帖. 可坐百餘人. 三尊石在其南. 蒼然竦直. 西又有石當路. 如根闑形. 踰入卽文殊菴舊址. 結草屋數間. 有一優婆塞居之. 乞湯水喫飯. 爲觀風穴臺. 捫石磴. 斗折而上. 緣崖南轉. 下視絶陘. 沉沉無地. 崖盡而至臺下. 巖罅有小穴. 圓徑尺許. 上穿以達于頂. 凡上臺者. 必自穴中取道. 其入穴. 腹背俱盪磨. 非去冠巾. 不能容焉. 旣入援引. 而上十餘步乃已. 如自井中出者. 其危險雖極. 度此卽爲臺頂. 望勢闊遠. 又爽然矣. 客或有不從. 坐臺下仰望曰. 危不可上. 余顧笑嘲之. 復下臺而西數百步. 有一石室. 可庇風雨. 人稱小隱窟. 自此南下. 細路如線. 縈紆盤折. 幾十餘里. 過桃源洞. 日已暮矣. 夜臥回思. 怳然一夢瑤臺. 蓋

是山.　來自秋月.　拔地高大.　巍然作鎭.　爲南國衡山.　又南馳數十百里.
起白雲天冠.　自月出入于海.　爲漢挐云.

출전: 宋秉璿, 『淵齋集』, 「瑞石山記」

19

유월출천관산기
무술

遊月出天冠山記 武術

송병선宋秉璿

송병선(宋秉璿, 1836~1905): 자는 화옥(華玉), 호는 연재(淵齋), 본관은 은진(恩津)이다. 학행(學行)으로 천거받아 제주(祭酒)에 기용된 뒤 대사헌(大司憲)을 지냈다. 을사조약이 체결되자 일본을 경계할 것을 상소하려다가 실패하고 고향에 가서 자살하였다. 의정(議政)에 추증되었다. 저서로 『근사속록(近思續錄)』·『연재집(淵齋集)』·『근사속록(近思續錄)』·『패동연원록(浿東淵源錄)』·『무계만집(武溪謾集)』·『동감강목(東鑑綱目)』 등 53권이 있다. 시호는 문충(文忠)이다.

해제解題

「유월출천관산기遊月出天冠山記 무술戊戌」은 무술년1898 윤3월 6일 송병선宋
秉璿, 1836~1905이 삼종제三從弟 송병원宋秉瑗 등 10여 명의 사람들과 함께 한달
가량 월출산·천관산을 유람하고 기록한 유산기이다. 송병선과 그 일행들
은 먼저 월출산에 올랐다. 작자인 송병선이 월출산에 오르기 전에 대월루
對月樓에서 산을 바라보면서 힘들 것이라 예상하였는데, 예상대로 산을 오
르면서 산세가 점점 험해져 힘들어하는 모습이 기록되어 있다. 그리고 월
출산을 내려와 천관산으로 향했는데, 작자는 천관산이 장엄하며 덕을 갖
춘 자의 기상이 있는 것 같다고 기록해 두었다. 한편 월출산과 천관산 정
상에 모두 올랐으나 대기가 좋지 못하여 멀리까지 조망하지 못한 것에 대
해 매우 아쉬워하기도 한다.

국역國譯

내가 호남湖南의 산수는 거의 두루 다녔으나 월출산月出山133)과 천관산天
冠山134)은 아직 감상하지 못하였다. 그래서 무술년1898 3월에 조상의 산소
를 찾았다가 삼종제 위옥衛玉 병원秉瑗과 명중鳴仲 채봉서蔡鳳瑞, 치장穉章 안

---

133) 월출산(月出山): 전라남도 영암군 영암읍과 강진군 성전면에 걸쳐 있는 산이다. 높이 809m. 소백산계에 속하
　　는 해안산맥의 말단부에 높이 솟은 산체는 견고한 석영반암과 분암류로 구성되어 있어 수목이 잘 자랄 수 없
　　는 급경사의 지형을 이룬다. 기암괴석이 많아 남국(南國)의 소금강(小金剛)이라고도 불린다.

134) 천관산(天冠山): 전라남도 장흥군 관산읍과 대덕읍에 걸쳐 있는 산이다. 높이는 723m이고, 옛 이름은 천풍산
　　(天風山)·지제산(支提山)이다. 가끔 흰 연기와 같은 이상한 기운이 서린다 하여 신산(神山)이라고도 한다. 지
　　리산·내장산·변산·월출산과 더불어 호남의 5대 명산으로 불리는 천관산은 수려한 지형경관으로 도립공원
　　으로 지정되어 있다.

성환安成煥[135], 자상子商 박기진朴起震, 윤범允範 김재홍金在洪, 성재聲哉 김시중金始中, 형원馨遠 여조연呂肇淵 등 여러 사람들과 전라도 술산戌山, 전북 군산에서 모이기로 약속했는데, 윤3월 6일 기미였다.

막 떠나려는데 공범公範 오석렬吳錫烈, 내옥乃玉 이경순李敬純, 익중翼仲 송홍宋鴻도 따라왔다. 지나는 길에 고부古阜, 전북 정읍의 만종재萬宗齋[136]에서 향음례鄕飮禮를 행하고 노령蘆嶺[137]을 넘어 감역監役인 치경穉敬 김녹휴金祿休에게 들렀다. 월평月坪에서 아래쪽으로는 산과 내가 밝고 고와 기호畿湖[138]에 뒤지지 않았다. 경문敬文 김한목金漢穆 및 그의 친척 선비 안준식安俊植과 함께 금성산錦城山[139]을 지나고 형산진榮山津을 건너 낭주읍朗州邑, 전남 영암으로 들어갔다. 대월루對月樓에 올라 멀리 월출산을 바라보니 기이하게 우뚝하고 깎아지른 듯하여 마치 칼과 창을 벌여 놓은 듯하니, 나도 모르는 사이에 정신이 혼미하고 마음이 두려웠다. 윤언允彦 박인상朴寅相, 명집明執 박용상朴鎔相 종형제를 방문하였는데, 이 산의 주인이었다.

굽이굽이 시내를 건너 도갑道岬 계곡으로 돌아 들어가니 서쪽에 순봉筍峯이 있고, 봉우리 아래에 '월대月帶'라는 커다란 바위가 있었으며, 물을 따라 몇 리를 걸어가니 옛 성의 남은 터가 나타났는데, 견훤甄萱이 쌓았다고 한다. 도갑사道岬寺[140]를 지나 오른쪽으로 미륵암彌勒庵에 올라가 잠시 쉬

---

135) 안성환(安成煥, 1858~1911): 자는 치장(穉章), 호는 소산(蘇山), 본관은 죽산(竹山)이다. 자품이 수려하고 총명하여 13세에 사서오경을 읽기 시작했고, 일찍부터 과거공부를 버리고 송병선(宋秉璿) 문하에 들어가 위기지학(爲己之學)을 닦았다. 1910년 경술국치(庚戌國恥)의 비보를 접하자 피를 토하고 통곡하며 병석에 누웠다가 이듬해 3월 21일 54세를 일기로 세상을 떠났다. 저서로 1963년에 간행된 『소산유고(蘇山遺稿)』가 있다.

136) 만종재(萬宗齋): 전북 정읍시 덕천면 우덕리에 있는 의성김씨 재실이다.

137) 노령(蘆嶺): 전라북도 정읍시 입암면과 전라남도 장성군 북이면 사이에 있는 고개로 높이는 276m이고 일명 '갈재'라고도 한다.

138) 기호(畿湖): 서울을 중심으로 한 경기도 일대와 황해도 남부 및 충청남도 북부를 포함한 지역을 말한다.

139) 금성산(錦城山): 전라남도 나주시에 있는 나주의 진산(鎭山)이다. 높이는 451m이며 4개의 봉우리로 이루어져 있다. 동쪽면의 봉우리는 노적봉(露積峰), 서쪽면의 봉우리는 오도봉(悟道峰), 남쪽면의 봉우리는 다복봉(多福峰), 북쪽면의 봉우리는 정녕봉(定寧峰)이다.

140) 도갑사(道岬寺): 전라남도 영암군 군서면 도갑리 월출산(月出山)에 있는 절로 대한불교조계종 제22교구 본사

고 또 몇 걸음 가니 도선비道詵碑[141]가 있었는데, 걸음을 멈추고 비문을 읽었다. 비탈길을 따라가니 나아갈수록 더욱 험해졌다. 고개를 넘어 상견성암上見性庵에 들어가 바위에 기대어 골짜기를 굽어보니 맑고 아득하여 속세의 티끌을 끊은 듯했고, 탁자 위에 천수불千手佛을 안치해 두었는데, 머리 위에 천개의 눈을 이고 있는 것도 기이해 보였다. 마당에 있는 바위에는 '모든 바위 저마다 빼어나고 온 계곡에 물이 다투듯 흐르네[千巖競秀萬壑爭流]'[142]라고 새겨 놓았다.

왼쪽으로 꺾어 올라가 대동령大洞嶺을 넘고 깊은 골을 따라 다시 7, 8리를 올라가자니 산세는 점점 높아지고 돌 모서리가 높고 험하였다. 비록 촉도蜀道가 험하다고 하나[143] 응당 여기보다 더하지는 않을 것이다. 간신히 구정봉九井峯 아래에 이르니 큰 바위가 널찍하게 대臺를 이루고 있었는데, 네 모퉁이가 높고 가파르며 서쪽 모퉁이 바닥에 작은 구멍이 있었다. 갓을 벗고 구부리고 들어가 바위의 갈라진 틈에 발을 붙이고 바위를 부여 잡고 올라가자니 또한 매우 위험했다. 확 트인 꼭대기에 이르니 오목하게 소용돌이를 이루어 솥처럼 생긴 웅덩이가 아홉 개 있었다. 그래서 구정봉이라고 이름 지었으리라.

술잔을 돌려 마시고 내려와 다시 돌 비탈 사이의 구불구불한 길을 따

인 대흥사(大興寺)의 말사이다. 신라 말 국사(國師) 도선(道詵)이 창건하였다.

141) 도선비(道詵碑): 도선수미비(道詵守眉碑). 갑사를 창건한 도선국사와 중창한 수미선사(守眉禪師)의 행적을 기록한 비로 전체 높이가 4.7m이다. 17년에 걸쳐 만들어 1653년(효종 4)에 완공하였다고 한다. 보물 제1395호이다.

142) 천암은……흘러가네: 중국 동진(東晉)의 고개지(顧愷之, 344~404)가 절강성에 있는 회계산(會稽山)을 다녀와서 쓴 시의 앞 구절인데, 육조시대 유희경(劉義慶)이 편찬한 『세설신어(世說新語)』에 수록되어, 산수의 경관을 표현할 때 널리 인용되었다. 조선의 문인들도, 특히 앞의 두 구절을 애송하였다. 시의 전문은 다음과 같다. '모든 바위 저마다 빼어나고 온 골짜기 다투어 흘러가네. 초목이 그 위에 우거지니 구름 일고 노을이 짙어오네.' [千巖競秀 萬壑爭流 草木蒙籠其上 若雲興霞蔚]

143) 촉도가……하더라도: '촉도(蜀道)'는 쓰촨성(西川省)으로 가는 험한 길인데, 그곳으로 가는 길이 얼마나 험했던지 이백(李白)은 「촉도난(蜀道難)」 서두에서, '어휴, 험하고도 높구나! 촉도의 어려움은 푸른 하늘 오르기보다 어렵구나!'[噫吁戲 危乎高哉 蜀道之難 難於上青天]라고 읊었다.

라갔는데, 올라갈수록 더욱 우뚝하고 높아져 열 걸음에 한 번은 쉬었다. 하늘에 닿을 듯이 우뚝한 두 바위가 눈앞에 솟아 있는데, 가운데가 뚫려 문처럼 되어있다. 그 안으로 들어가니 고생이 이만저만이 아이었다. 마침내 천황봉天皇峯에 다다르니, 조망이 멀리까지 탁 트여 서쪽과 남쪽의 큰 바다에는 높은 파도가 아득한데, 섬과 섬이 이어져 흰 것은 물이요 푸른 것은 산이니, 마치 바둑판 위에 흰 돌과 검은 돌이 여기저기 놓인 것 같았다. 날씨가 맑으면 한라산漢挐山이 멀리 시야에 들어오겠지만, 때마침 구름과 안개에 덮여 안력이 미칠 수 없었다.

이 산은 전체가 돌이어서 뼈는 있어도 흙이 없으니, 더러는 짐승이 웅크린 듯하고, 더러는 사람이 서 있는 듯하여 기이한 형태를 낱낱이 다 적을 수 없지만, 샘물과 폭포의 경치가 없는 것이 애석하였으나, 이 또한 어진자에게 모든 것을 갖추기를 구한다는 말과 같다. 그러나 내가 본 것이 다만 지난날 들은 것보다는 못하였다. 구정봉 서북쪽 봉우리 위에 있는 영암靈巖은 흔들면 번번이 움직이는데, 영암군 이름이 여기에서 말미암았다고 한다. 저물어서 다시 상견성암上見性庵으로 돌아와서 묵었다.

산을 내려와 구림鳩林을 지났는데 이곳은 도선국사가 나고 자란 곳이고, 마을 전체가 대숲에 잠겨 있어 밖에서 보면 사람이 살지 않는 것처럼 보였다. 구불구불하게 서호西湖를 따라 올라가다가 비 때문에 현씨玄氏의 삼벽정三碧亭에서 머물렀는데, 여은汝恩 안택환安澤煥, 형삼亨三 윤자현尹滋鉉, 계옥季玉 안창환安暢煥이 앞뒤로 따라왔고, 마침내 선현의 유묵첩遺墨帖을 열람하였다. 삼벽정을 떠나 만덕산 아래에 도착하여 백련사白蓮寺를 방문하였는데, 옛날에 문정공文正公[144]이 제주에 갈 때 여기에서 순풍을 기다렸는

---

144) 문정공(文正公): 문정(文正)은 송시열(宋時烈)의 시호이다.

데, 백련사 문루에는 문정공이 손재遜齋[145] 박공朴公에게 준 시가 걸려 있었다. 이날 밤 달빛이 참으로 좋아서 일행 여러 사람들과 저마다 경전을 한 장씩 낭송하였다. 구강포九江浦[146]를 건너고 천관산天冠山으로 향하였다. 그곳에 모인 사류들이 매우 많았는데, 광수와 박대를 착용하고 길가에 늘어선 모습이 문란해진 풍속에 족히 경책이 될 만하다.

위씨魏氏의 장천재長川齋[147]에서부터는 시내를 따라 올라갔는데, 무릇 산을 오르려면 반드시 여기에서 길을 취해야 한다. 등경암燈檠巖과 고암姑巖, 고암鼓巖을 지나 가시나무를 쳐내고 가파른 곳을 지나 똑바로 봉대烽臺에 올라가니, 여기가 산 전체에서 가장 높은 곳이었는데, 전부 흙이고 돌이 없으며 옥척屋脊[148]처럼 길고 장엄하며 덕을 갖춘 자의 기상이 있었고, 바닷가에 근거를 잡아 완도莞島·신지도新智島·고금도古今島 같은 섬들이 앞에 나열해 있지만, 이날의 대기가 월출산보다 두 배나 짙어서 한 번도 형태를 드러내 보이지 않았고, 월출月出·대둔大芚의 여러 산들도 구름 가에서 보이다가 안 보이다가 하였으니, 저번에 월출산에서 멀리 조망할 수 없었던 것이 또 조물주의 마장魔障를 입은 것이요, 두 산의 영기가 분명 속세의 나그네가 선경을 더럽히는 것을 미워한 것이겠지만, 나에게 한문공韓文公[149]이 형악衡嶽의 구름을 연 정성[150]이 없는 것이 한스러웠다.

---

145) 손재(遜齋): 박광일(朴光一, 1655~1723)의 호이다. 매산(梅山) 홍직필(洪直弼)은 존재(存齋) 위백규(魏伯珪)의 「묘지명墓誌銘」에서, 호남의 학문은 하서(河西) 김인후(金麟厚)와 고봉(高峯) 기대승(奇大升)에서 시작하여 손재(遜齋) 박광일(朴光日)과 목산(木山) 이기경(李基敬)에 이르렀다고 하였다. 저서로『손재집(遜齋集)』이 있고, 남강사(南康祠)에 배향되었다.

146) 구강포(九江浦): 탐진(耽津). 아홉 골의 물이 모여드는 곳이라 하여 구강포라고 불렀다.『동국여지승람(東國輿地勝覽)』에는 구십포(九十浦)로 기록되어 있다.

147) 장천재(長川齋): 전남 장흥군 관산읍 옥당리에 있는 조선시대의 건물. 전라남도 유형문화재 제72호. 장흥위씨들이 조선 전기(1450년경)에 장천재를 세워 오랫동안 한학의 서재로 이용하였다.

148) 옥척(屋脊): 지붕 가운데 부분의 가장 높은 곳에 있는 수평 마루를 말한다.

149) 한 문공(韓文公): 한유(韓愈, 768~824)의 시호이다. 한유의 자는 퇴지(退之), 호는 창려(昌黎)이며 중국 당(唐)을 대표하는 문장가·정치가·사상가로 당송8대가(唐宋八大家)의 한 사람이다.

150) 한 문공(韓文公)……정성: 한유가 형악(衡嶽)에 올랐으나 구름이 짙게 끼고 비가 내려 유람을 할 수 없었는데,

한참을 서성이다가 서쪽으로 방향을 바꾸어 구룡봉九龍峯으로 내려갔는데, 봉우리 전체가 돌로 이루어져 있고 넓은 들판을 내려 보니 온 산의 진면목이 여기에 다 모여 있었다. 왼쪽으로 기암이 빽빽하게 늘어서 있는데, 가운데에 또 한 바위는 모양이 마치 범장帆檣151) 같았다. 남흘南屹·노포蘆蒲 두 봉우리는 다 찾아보지 못하고 술을 가져오라고 해서 돌려 마셨다. 다시 길을 꺾어 동쪽으로 가니 돌로 된 봉우리가 우뚝 높았는데 기죽봉旗竹峯이었다. 봉우리 중간쯤 바위 사이에 작은 굴이 휑하여 암벽을 부여잡고 넘어 올라갔는데 깊이가 네다섯 자는 될 만했고 가운데로 휘돌며 물이 고여 있었다. 아침과 저녁 및 오시마다 누런빛을 띠니 이 또한 괴이했다. 사람들이 금수굴金水窟이라고 했는데, 바가지로 떠서 마셔 보니 깨끗하고 차가웠다. 다시 장천재로 내려와 조용히 회상해 보니 자못 가슴 속에 미진함이 있었다.

골짜기를 나서서 여기정女妓亭을 구경하고 동강桐江을 지나 김씨金氏의 부춘정富春亭에 올랐는데, 물가에 임하여 상쾌하고도 시원하였다. 보성寶城의 우산牛山에 도착하여 목미암木美菴에서 습례習禮하고 모후산母候山으로 들어가 조씨趙氏의 초연정超然亭에서 강학講學하고 곡성谷城 땅에 들러 안 문성공安文成公152)의 초상에 우러러 절하였다. 다음날 기축일에 집으로 돌아와 다만 그 처음과 끝을 기록하였다.

　　정성껏 기도하자 날이 개었다고 한다. 이때 지은 시가 「알형악묘수숙악사제문루(謁衡嶽廟遂宿嶽寺題門樓)」이다.

151) 범장(帆檣): 배의 바닥에 세워 돛을 다는 기둥을 말한다.

152) 안 문성공(安文成公): 문성(文成)은 안향(安珦, 1243~1306)의 시호이다. 안향의 자는 사온(士蘊), 호는 회헌(晦軒), 본관은 순흥(順興)이다. 미신 타파에 힘썼으며 섬학전(贍學錢)이라는 육영 재단을 설치하고, 국학 대성전(國學大成殿)을 낙성(落成)하여 유학의 진흥에 힘썼다. 중국 원나라에 가서 『주자전서(朱子全書)』를 베껴 가지고 돌아와 우리나라에서 최초로 주자학을 연구하였다. 풍기의 소수서원(紹修書院), 장단의 임강서원(臨江書院), 곡성의 회헌영당(晦軒影堂)에 제향되었다.

원문原文

余於湖南山水. 遊歷殆遍. 而月出天冠. 惟有未償之債. 故歲戊戌暮春.
乃因省楸之行. 與三從弟衛玉秉瑗. 及蔡鳴仲鳳瑞安穉章成煥朴子商起震
金允範在洪金聲哉始中呂馨遠肇淵諸君. 約會於瀛洲之戌山. 閏三月六日
己未. 將發. 吳公範錫烈李乃玉敬純宋翼仲鴻亦從. 歷路. 行鄕飮禮于古
皐之萬宗齋. 踰蘆嶺. 訪金監役穉敬祿休. 自月坪以下. 山川明麗. 不讓
畿湖. 金君敬文漢穆. 與其族士安俊植聯筇過錦城山. 渡榮山津. 入朗
州邑. 登對月樓. 望見月嶽. 奇矗戍削. 列如劍戟. 不覺神眩心怖. 訪朴
允彥寅相明執鎔相從昆季. 爲此山主人. 曲折渡溪. 轉入道岬谷. 西有筍
峯. 峯下巨巖. 稱以月帶. 隨流而行數三里. 見古城遺址. 俗傳甄萱所築.
歷道岬寺. 右上彌勒庵. 暫憩. 又行數弓許. 有道詵碑. 挂杖讀之. 從嶝
途. 愈進愈險. 踰嶺而入上見性. 依巖俯壑. 淸逈絶塵. 卓上安一千手
佛. 而頭戴千眼. 看亦奇矣. 庭除巖. 刻千巖競秀萬壑爭流. 左折而上.
踰大洞嶺. 從深谷. 復登七八里. 山勢漸高. 石角嶄巀. 雖蜀道之難. 不
應過此也. 艱到九井峯下. 大巖磅礴作臺. 四隅峻巉. 西隅底有小穴. 去
冠俯入. 寄足巖罅. 援引而升. 其危亦甚. 而到巓豁然. 凹而成渦. 如鍋
如鐺者九. 故以是名焉. 巡酒而降. 復從石磴間蛇行. 登益峻仄. 十步一
息. 殆若摩天兩巖當前. 坼穴成門. 從這裏行. 艱苦備至. 遂抵天皇峯.
眺望豁遠. 西南大海. 鯨濤渺茫. 島嶼接續. 白者爲水. 碧者是山. 如
碁之白黑錯置焉. 天晴則漢挐山入望. 而適蒙雲靄. 不能竟目力. 蓋此山.
全體是石. 有骨無土. 或如獸蹲. 或若人立. 奇形異態. 不可一二記. 而
恨無泉瀑之勝. 是亦責賢者備之語也. 然余之所見. 惟損於前日所聞矣.
九井西北峯頭一巖. 撓之輒動. 稱以靈巖. 郡之得名由此云. 暮還上見性

宿. 下山過鳩林. 是道詵生長處. 而一村藏於竹林. 自外見之. 若無人居. 逶迤西湖. 滯雨於玄氏三碧亭. 安汝恩澤煥尹亨三滋鉉安季玉暢煥. 先後追到. 遂閱覽先賢遺墨帖. 發到萬德山下. 訪白蓮寺. 昔文正公濟州之行. 候風於此. 門樓板揭. 贈遜齋朴公詩. 是夜月色正好. 與一行諸君. 各誦經傳一章. 渡九江浦. 轉向天冠山. 會士甚衆. 廣袖博帶. 道路連續. 亦足爲頹俗之警矣. 自魏氏長川齋. 循溪而上. 凡登山者. 必於此取路也. 歷燈檠巖及姑鼓二巖. 披荊履巉. 直上烽臺. 是爲一山最高處. 全土無石. 長如屋脊. 莊嚴有德者氣像. 盤據海上. 如莞島新智古今等羅列于前. 而是日蒙氣. 重倍於月嶽. 一未現形. 月出大芚諸山. 亦出沒於雲際. 向日之不得遠眺者. 又被造物之魔障. 二山之靈. 必惡俗客塵穢仙境. 而恨余無韓文公開衡嶽雲之誠也. 徘徊良久. 轉西而下九龍峯. 峯蓋全石. 俯臨大野. 一山面目. 盡萃於此. 左有奇巖森列. 中又一巖. 形如帆檣. 南屹蘆蒲二峯. 而未能窮探. 呼酒巡飲. 復折而東. 石峯崔嵬. 名曰旗竹. 峯腰巖間. 小窟谽然. 攀壁超上. 深可四五尺. 中渦貯水. 朝暮及午. 黃色輒浮. 是亦怪矣. 人稱金水窟. 瓢飲淸冽. 還下長川齋. 回思悄然. 頗有未盡底懷. 出洞而見女妓亭. 過桐江. 登金氏富春亭. 臨流爽豁. 到寶城之牛山. 習禮於木美菴. 入母候山. 講學于趙氏超然亭. 過谷城地. 瞻拜安文成公遺像. 明日己丑. 歸家. 聊以記終始焉.

출전: 宋秉璿, 『淵齋集』, 「遊月出天冠山記」

20

유월출산기
신미윤칠월일

遊月出山記 辛未閏七月日

김태일金兌一

김태일(金兌一, 1637~1702): 자는 추백(秋伯), 호는 노주(蘆洲), 본관은 예안(禮安)이다. 1660년(현종 1) 식년문과에 병과로 급제하고 장령(掌令)·헌납(獻納)·문학(文學)·보덕(輔德)을 차례로 역임하였고, 1694년 사간(司諫)으로 있을 때 서인인 한중혁(韓重爀) 등이 폐비 민씨의 복위를 도모하자 이들을 탄핵하였다. 뒤에 왕이 민씨의 폐위를 후회하게 됨으로써 삭출(削黜)당하였다. 저서로는 『노주집(蘆洲集)』이 있다.

해제解題

「유월출산기遊月出山記 신미윤칠월일辛未閏七月日」은 김태일金兌一, 1637~1702이 영암군수靈巖郡守로 재임한 후 휴가기간 중인 신미년1699 윤7월 26일 세 아들과 함께 월출산에 올랐던 일을 적은 것이다. 영암군의 고을 명칭과 월출산의 정상인 구룡봉九龍峯의 명칭 유래에 관한 기록이 남겨져 있다. 또한 월출산 정상에 오르면서 지나치는 곳마다 산세가 기이하고 험하여 산에 오르는 사람들이 굉장히 힘들어 하는 모습을 볼 수 있다. 하지만 작자인 김태일은 구룡봉에 올라서 잠시나마 신선이 된 것처럼 속세와의 인연을 끊어서 좋았으나 다시 하산해야 한다는 사실에 매우 아쉬워하기도 한다.

국역國譯

월출산月出山은 영암군靈巖郡의 서남쪽 5리쯤에 있다. 둘레가 백리가 넘고 기세가 웅장하며 형태가 우뚝하고 기이하여 천봉만학千峯萬壑이 모두가 암석인데, 어떤 것은 깎아지른 듯 우뚝하고 어떤 것은 빽빽하게 늘어서있어 기괴한 형상을 이루 다 기록할 수가 없다.

나는 금년신미, 1699 여름 4월에 영암군수가 되었는데 부임 날 저녁에 관아에 앉았더니 이른바 천왕天王, 구룡九龍, 소구룡小九龍 등의 돌로 된 봉우리들이 동헌東軒 창에 공손히 인사하고 궤안을 마주한 것 같았다. 그 형상이 혹은 사람이 선 듯, 혹은 거북이가 엎드린 듯, 혹은 모자를 쓴 것 같고, 혹은 아이를 업은 것 같고, 혹은 날짐승처럼, 혹은 길짐승처럼, 혹은 병풍을 친 듯, 혹은 창을 꽂은 듯하여 보고 또 보아도 질리지 않고 시간이 갈수록 더욱 기이하여서 소문少文[153)의 그림을 갖지 않았어도 이미 와유臥遊의 흥취가 넉넉하였다.

다만 고을 사람들에게 듣기로는 구룡봉이 이 산에서 가장 높은 곳이고 그 아래에 두 개의 흔들바위가 있어 영암군이란 이름을 여기서 얻었으며 이곳에 이르는 사람들은 누구라도 그곳에 가보지 않는 이가 없다고 하였다. 나도 즉시 가보고 싶었으나 늙고 쇠약하여 생긴 병이 점점 심해지고 또 때가 더울 때라 시일만 미루다 뜻을 이루지 못하였다.

어느덧 세월이 흘러 중추절이 가까워지면서 서늘한 기운이 일어나고 무더위가 물러나 두릉杜陵[154)의 고질병이 되살아나려 하고 팽택彭澤[155)의 전원으로 돌아가고자 하는 마음을 금할 수 없었다. 마침내 병으로 관직에 있기 어렵다는 뜻을 써서 사직하고자 하는 글을 거듭 올렸으나 관찰사가 허락하지 않았다. 다시 사유서를 올려 휴가를 받고는 다음 달 초에 호연히 집으로 돌아가려 하였으니 순로蓴鱸[156)의 흥취는 비록 이미 날아가 버렸으나 명산을 찾는 숙원은 이루지 않을 수가 없었다. 이에 어느 날 새벽에 서둘러 밥 먹고 안장을 올리고서 서문西門으로 나섰다. 때는 윤7월 26일이었고, 아들 웅만雄萬·종만鍾萬·경만經萬과 안여구安汝具가 따랐다.

몇 리쯤 가서 산 아래 녹거동鹿車洞에 이르니 도갑사道岬寺의 중 수십 명

---

153) 소문(少文): 남조(南朝) 송(宋)의 종병(宗炳)을 말한다. 소문은 그의 자(字)이다. 산수를 좋아하여 멀리 유람하기를 좋아하였는데, 병이 들어 강릉(江陵)에 돌아와서는 "늙음과 병이 한꺼번에 들이닥쳐 명산을 두루 돌아보기 어려울 듯하니, 그저 마음을 맑게 하고 도를 관조하며 누워서 유람할 수밖에 없다.[老疾俱至 名山恐難遍觀 唯當澄懷觀道 臥以遊之]"라고 탄식하고는 그동안 다녔던 곳의 경치를 그림으로 그려 방안에 걸어 두고 감상했다는 소문와유(少文臥遊)의 고사가 있다.

154) 두릉(杜陵): 한(漢)나라 장후(蔣詡)는 왕망(王莽)이 권력을 장악하자, 벼슬을 그만두고 두릉(杜陵)에 은거하면서 화초를 가꾸며 대밭 가에 오솔길 세 갈래를 터놓고 의기가 맞는 양중(羊仲)과 구중(求仲)만 찾아오게 해서 함께 놀았다.

155) 팽택(彭澤): 팽택령(彭澤令)으로 있던 도연명(陶淵明)을 말한다. 도연명은 팽택의 수령으로 있다가 윗사람의 제재가 싫고 전원(田園)이 그리워 재직한 지 80일 만에 벼슬을 그만두고 고향으로 돌아갔다.

156) 순로(蓴鱸): 순챗국과 농어회. 즉 고향을 생각하는 데 비유한 말이다. 진(晉)나라 장한(張翰)은 가을바람이 일자 고향의 산물인 순챗국과 농어회가 생각나서 벼슬을 버리고 고향으로 갔다 한다.

이 가마를 가지고 와 기다리고 있었다. 동구에 들어가 시내를 따라 올라 갔는데 시냇물은 산 위에서 발원하여 골짜기를 따라 흘러내리다가 폭포가 되어 떨어지는 곳도 있고 못을 이루는 곳도 있었다. 시내 좌우에는 암석이 겹겹이 쌓였는데 어떤 것은 평평하여 앉을 만했고 어떤 것은 둥그러니 뚫려서 다 완상하기에 충분했고 옛사람과 지금 사람들이 노닐며 거처간 곳이었다.

여기서부터 골짜기가 더욱 좁아지고 길은 더욱 험해져 가마를 멘 중들이 나무를 더위잡고 벼랑을 따라 조금씩 앞으로 나아가는데 넘어질까 숨을 죽이니 가마에 앉은 사람들이 또한 떨면서 두려워하고, 전전긍긍하며 경계하였다. 옛사람이 "손으로 가슴 쓸며 앉아서 탄식하네."[157]라고 한 것이 헛된 말이 아니었다. 일행 중에 통소를 부는 자와 피리를 부는 자가 있어서 짝지어 앞에서 인도하게 하였는데 때때로 숲속에서 나오는 맑은 가락을 들으니 산에 오르는 수고가 조금 위로가 되었다. 산속에는 소나무 같이 큰 나무는 전혀 없어서 겨우 왜송矮松이 가끔 바위 위에 자랐고, 단지 잡목이 무성하게 수풀을 이루었는데 동백冬柏과 춘백春柏이 가장 많아 거의 길 양쪽을 덮었으니 또한 아낄만했다.

6, 7리 올라가니 길가에 크고 높은 반석이 있어서 아이들과 그 위에 올라가 잠시 둘러앉았다. 동구 밖을 내려다보면 마을의 연기가 아직 다 걷히지 않았는데 조수가 막 일어나니 또한 볼만한 경치였다. 술을 한 순배 하고 내려와 다시 가마에 타고 개울 하나를 건너 몇 리를 올라가 용암사(龍巖寺)에 이르렀다. 절은 산 위쪽 구룡봉 아래쪽에 있는데 바위를 뚫어 공중에 걸쳐서 10여 칸을 얽었고 거처하는 중도 10여 명이었다. 고을 사

---

157) 손으로 가슴 쓸며 앉아서 탄식하네[以手撫膺坐長嘆]: 당(唐)나라 시인 이백(李白)의 「촉도난(蜀道難)」에 나오는 구절이다.

람들이 먼저 와서 절의 누각에 자리를 마련해 놓았다. 앉아서 둘러보니 전후좌우에 돌로 된 봉우리와 우뚝한 바위들이 기괴하지 않은 것이 없었다. 서북쪽으로 멀리 바라보니 너른 바다가 산 바깥을 빙 둘러서 아득하게 섬들이 바다에 점점이 떠 있었다. 내가 난간에 기대어 마침내 "절은 명산 가장 높은 곳에 있고"[158]로 시작하는 절구 한 수를 읊었다. 절문 밖 동쪽 언덕 아래에 샘물이 바위틈에서 솟구치는데 깊이가 무릎이 잠길 정도고 비록 큰 가뭄이 들어도 줄지 않는다고 하였다. 절이 있는 곳은 높고도 깊어서 인적이 닿기 어려운 곳이요, 속세의 티끌에 물들지 않은 곳이어서 참으로 곡기를 끊고 노을만 먹는다는 신선이 머물 곳이었으나, 중들 중에 더불어 이에 대하여 얘기할 만한 자가 한 명도 없어서 또한 산신령에게는 부끄러울 일이었다.

조금 있으니 불목하니가 술과 과일을 올렸다. 이윽고 물리고 나서 구룡봉을 보러 가려고 짚신을 신고 절문을 나섰다. 암석을 더위잡고 오르니 바위 위에 자못 높고 큰 불탑이 있었고 탑에서 위로 수십 걸음 오르니 돌길이 가파르고 위태로워서 가마를 탈 수가 없었다. 이곳을 지나고서는 가마를 타기도 하고 걷기도 했는데 새들도 넘기 어려운 산길의 어려움은 하늘에 오르는 것 같아 가마 위에서 하늘을 보고 누웠는데 마치 거꾸로 매달린 듯했다.

구룡봉에 이르니 봉우리의 위아래가 다 바위였다. 아래는 반석으로 길고 넓으며 돌 위에는 오목하게 파인 곳이 두 군데 있어 그 속에 물이 조금 고였다. 위는 큰 바위가 불쑥 솟아 봉우리가 되었으며 봉우리 북쪽에 작은 문이 있어 오르려면 이 문을 통해 들어가야 한다. 봉우리 위에도 봉

---

158) 절은 명산 가장 높은 곳에 있고: 「제용암사(題龍巖寺)」라는 시로, 전문은 "절집은 명산에 가장 높게 자리하며, 맑은 가을 8월에 유람을 왔다네. 난간 기대어 너른 바다 굽어보니, 아득하게 섬들은 점점이 떠 있네.[寺在名山最上頭 淸秋八月客來遊 憑軒俯視滄溟水 島嶼微茫點點浮]"이다.

우리 아래처럼 오목하게 파인 곳이 7개가 있어 전하는 말로는 예전에 구룡이 누웠던 곳이라 하고 일명 구정봉九井峯이라고도 한다는데 이야기가 황당무계하지만 또한 특이하였다. 이곳에 올라 바라보면 수백 리 안의 마을과 들과 산과 바다가 모두 눈 아래에 있어 참으로 "제주도 아홉 점의 연기요, 큰 바다도 한 잔 물을 쏟아놓은 것과 같다."[159]는 말과 같았다.

이른바 두 개의 흔들바위라는 것이 모두 봉우리 아래 10여 보쯤에 있는데 하나는 평평하고 넓어서 3분의 2가 바위 위에 있고 나머지 3분의 1이 허공에 드리워졌다. 또 하나는 세 길 높이에 10여 아름의 둘레인데 바위와 돌이 가득 모인 곳 가운데에 서 있었다. 두 바위의 무게는 비록 수백 명이 달려들어도 움직이기 어려울 텐데 중 한 명을 시켜 흔들어 보게 하니 약간의 움직임이 있었다. 이것을 영암靈巖이라고 부르는데 이 말은 도선道詵의 「답산기踏山記」 중에 있다.

구룡봉의 북쪽에 두 개의 돌로 된 봉우리가 서로 마주보고 서 있는데 봉우리의 허리 이상은 마치 작은 돌을 차곡차곡 쌓아서 이룬 듯하니 결단코 인력으로 미칠 바가 아니니 조물주가 기묘한 재주를 다한 것이었다. 두 봉우리의 높이는 구룡봉의 절반으로 우뚝이 쌍으로 마주하여 모시고 선 것 같으니 아, 참으로 볼만하였다. 내가 따라온 아이들과 구룡봉에 앉아 피리쟁이에게 피리를 불게 하고 술을 몇 잔 마시니 표연히 세상과 떨어져 홀로 서서 깃털처럼 가벼워져 신선이 될 것만 같았다. 마침내 "세상에서 이 몸 벗어나 구정봉 올라가 내려다보네.[世界抽身出 登臨九井峯]"라는 절구를 읊었다. 조금 있다가 노니는 흥취가 아직 사라지지 않았는데 해가 이

---

159) 제주……같다: 제주는 중국을 말하며, 아홉 점의 연기는 중국의 구주(九州)가 작게 보임을 말한 것으로 높은 하늘 위에서 아래를 내려다보면 중국의 구주가 가물가물 아홉 점의 연기와 같이 작다는 뜻이다. 이하(李賀)의 「몽천시(夢天詩)」에 "삼산(三山) 아래가 상전(桑田)도 되고 창해(滄海)도 되었는데, 다시 달리는 말처럼 천년을 변했어라. 멀리 제주를 바라보니 아홉 점의 연기인 듯, 큰 바다가 한 잔 물을 쏟아 놓은 것처럼 작게 보이네.[黃塵淸水三山下 更變千年如走馬 遙望齊州九點煙 一泓海水杯中瀉]"라고 하였다.

미 서쪽으로 기울어졌고 속세의 인연을 끊기 어려워 오래 머물 수 없음을 한스럽게 여겼다. 이에 산을 내려가야 하는데 일어났다가 도로 앉고 떠나면서 다시 돌아보아 마치 아름다운 여인과 헤어지는 것처럼 아쉬워하였다.

용암사에 돌아와 잠시 쉬는데 불목하니가 또 식사를 올렸다. 해가 저물 때라 왔던 길로 곧장 돌아가려 했으나 아들 경만이 아직 도갑사를 보지 못해서 도갑사로 길을 돌아가자 하였고 도갑사 중이 또 와서 굳이 요청하기에 드디어 용암사에서 내려오면서 서쪽으로 향하였는데 가파른 벼랑에 높은 고개로 길이 더욱 기구하였다. 도갑사에 이르기 1리쯤 전, 길가에 도선선사비道詵禪師碑가 있었다. 비석의 높이는 한 길이 넘고 넓이는 몇 자나 되었으며 귀부도 대단히 높고 컸다. 비석 아래에서 바라보니 그 형세가 심히 장대하였다. 비문은 상공相公 이경석李景奭[160]이 지었고 새긴 글자는 판서判書 오준吳竣[161]의 글씨였다. 비석 서쪽으로 한 마장 거리에 있는 작은

160) 이경석(李景奭, 1595~1671): 자는 상보(尙輔), 호는 백헌(白軒), 본관은 전주(全州)이다. 1613년(광해군 5) 진사시, 1617년 문과에 급제하였으나 북인이 주도하는 인목대비(仁穆大妃) 폐비론에 반대하다 취소되었다. 1623년 인조반정 후 알성문과에 급제하고 승문원(承文院)에 들어갔다. 1624년 이괄(李适)의 난이 일어나자 인조를 호종하였고 1627년 정묘호란이 일어나자 종사관(從事官)으로 활약했다. 예문관 검열(藝文館檢閱)·봉교(奉敎) 등으로 진출하여 핵심 관직을 두루 거쳤고, 1632년 가선대부(嘉善大夫)에 올라 재신(宰臣)에 들었다. 1636년 병자호란이 일어나자 인조가 주화파(主和波) 대신들을 배격하는 상황에서 도승지(都承旨)를 맡아 국왕을 섬겼다. 인조가 남한산성을 나와 청나라에 무릎을 꿇고 굴복하여 전쟁이 끝나자 청나라의 요구에 의해 승전을 기념하는 굴욕적인 「삼전도비(三田渡碑)」의 비문을 썼다. 인조의 간곡한 부탁이었지만 이경직(李景稷)은 이일로 글을 배운 것을 한탄하였다. 1637년 예문관과 홍문관(弘文館)의 대제학(大提學)을 겸하고 이조판서(吏曹判書)를 거쳐 1641년 이사(貳師)가 되어 청나라로 가서 소현세자를 보필하였다. 이때 평안도에 명나라의 배가 왕래한 전말을 사실대로 밝히라는 청제(淸帝)의 명령을 어겼다 하여 청나라에 의해 등용이 금지되었다. 1644년(인조 22)에 이조판서를 거쳐 우의정(右議政)·좌의정(左議政)이 되었으며 이듬해 영의정(領議政)에 올랐다. 1650년(효종 1) 김자점(金自點)의 밀고로 조선의 반청정책(북벌정책)이 알려져 청나라에서 파견된 조사관이 국왕과 백관을 협박하는 상황에서 목숨을 걸고 모든 일은 영의정의 책임이라고 자임하고 나섰다. 효종이 청나라 조사관에게 간청하여 처형은 면했으나 의주 백마산성(白馬山城)에 감금되었다가 이듬해에 풀려났다. 1653년 이후 중추부영사(中樞府領事)에 올랐고, 기로소(耆老所)에 들어갔으며, 1668년 특별한 존경과 신임의 표시인 궤장(几杖)을 현종으로부터 하사받았다. 그는 조선의 난국을 극복한 탁월한 재상이었으며 일생동안 검소하고 소박한 청백리의 삶을 살았다. 이념과 정책은 숙종대의 소론으로 연결된다. 문집에 『백헌집(白軒集)』이 있으며 글씨에 능하였다. 남원의 방산서원(方山書院) 등에 제향되었다.

161) 오준(吳竣, 1587~1666): 자 여완(汝完). 호 죽남(竹南), 본관은 동복(同福)이다. 1618년(광해군10) 증광문과에 급제하였다. 1639년(인조 17) 한성부판윤(漢城府判尹)으로 주청부사(奏請副使)가 되어 선양[瀋陽]에 다녀오

암자는 비전碑殿이라 하는데 찾아들어가 잠깐 앉았다가 바로 출발하였다.

도갑사에 이르니 절문의 북쪽에 송대松臺가 있고 송대 아래에 못물이 있었다. 이는 개울물이 바위로 흘러들어 폭포가 되었고 폭포가 아래로 쏟아진 곳이 못이 된 것이다. 앉아서 노닌지 얼마 되지 않았는데, 돌아가고픈 생각이 매우 촉급하여 절의 문으로 들어가 법당에서 쉬었다. 절은 월출산의 서쪽 고개 아래 평지에 있어서 위치가 그다지 외지지 않았고 그다지 기이하지도 않았으나 누각이 많아 중국에까지 그 이름이 알려져 불교도가 칭찬하고 고관들이 거쳐 간 곳이다. 내가 일찍이 30년 전에 흥덕현감興德縣監으로서 이곳에 들러 하루 머문 적이 있었는데 지금 영암군수가 되어 다시 왔으니 예전 생각이 났다. 이윽고 "30년 전 그때에 이곳에 들러서 선방에서 하룻밤 중들과 어울렸지.[三十年前此地過 禪房一夜伴維麻]"라는 절구를 한 수 읊었다.

영암군 진사 이가징李嘉徵이 마침 이곳에 왔기에 서로 얘기를 나누었는데 얼마 안 되어 아전이 돌아갈 준비가 되었다고 알렸다. 마침내 이 진사와 작별하고 절문을 나서 말에 오르니 산은 떨어지는 해를 머금었다. 채찍질을 더해 말을 달려서 저물녘에야 돌아왔다. 내 다리 힘이 평소에 좋지 않아 산을 오르고 내릴 때에 간혹 걷기 어려웠으니 정신이 대단히 피로하고 다리가 매우 아팠으나 고생이라 여기지 않았고 오직 등람登覽의 장대함과 흉금이 탁 트인 것만이 스스로 자랑스러워 기록하여 아이들에게 보인다.

고 병자호란 뒤 호왕(胡王)을 찬양하는 「삼전도비(三田渡碑)」의 비문을 썼다. 1643년 등극부사(登極副使)로, 1648년에는 동지사 겸 정조성절사(冬至使兼正朝聖節使)로 청나라에 다녀왔다. 1650년(효종 1) 예조판서(禮曹判書)로 지춘추관사(知春秋館事)가 되어 『인조실록(仁祖實錄)』 편찬에 참여하고 형조판서(刑曹判書)·대사헌(大司憲)·우빈객(右賓客)을 거쳐 1660년(현종 1) 좌참찬(左參贊), 이어서 중추부판사(中樞府判事)가 되었다. 문장과 글씨에 능하여 여러 번 서장관(書狀官)을 지냈으며, 저서에 『죽남당집(竹南堂集)』이 있다.

山在靈巖郡治之西南五里許. 周迴幾百餘里. 勢雄而壯. 形峻而奇. 千峯萬壑. 皆是巖石. 而或削立或森列. 奇形怪狀. 不可殫記. 余於今年夏四月. 佩郡符. 莅事之夕. 坐於郡齋. 則所謂天王九龍小九龍等石峯. 拱揖於軒窓. 而相對乎几案. 蓋其狀或如人立. 或如龜伏. 或如戴帽. 或如負兒. 或如飛禽. 或如走獸. 或如列屏. 或如揷戟. 看看不厭. 久久愈奇. 不待少文之畫. 而已飽臥遊之興矣. 第聞之郡人. 則九龍峯爲玆山之最高絶處. 而其下有二動石. 郡之得名以此石也. 凡大小人之至此者. 無不一往云. 余卽欲理屐. 而衰病侵尋. 且値暑月. 遷延未果矣. 荏苒之間. 序迫中秋. 微涼乍動. 溽暑已退. 杜陵之沈痾欲蘇. 彭澤之歸思難禁. 遂以病難居官之意. 再呈辭狀. 方伯不許. 又呈由狀得請. 將以來月之初. 浩然歸家. 蕈鱸之逸興. 雖已遄飛. 而名山之宿債. 不可不償. 乃於一日之晨. 促飯戒鞍. 由西門而出. 時閏七月二十六日也. 兒子雄萬鍾萬經萬及安汝具從之. 行至數里許. 卽山下鹿車洞也. 道岬寺僧數十餘人. 持籃輿來待. 入洞門. 緣溪而上. 溪水發源於山上. 從谷中流下. 或有垂瀑處. 或有成潭處. 溪之左右. 巖石嶙峋. 或有平穩可坐者. 或有穹窿可入者. 皆足爲翫賞之資. 而古今人之所遊歷處也. 自是以往. 峽益深路益險. 擔輿僧攀木緣崖. 寸寸前進. 而顚跌脅息. 坐於其上者. 亦懍懍而恐. 戰戰而戒. 古人所謂以手撫膺坐長嘆者. 非虛語也. 行中有吹簫者. 有鳴笛者. 使之兩兩前導. 時聞寥亮數聲. 出於林間. 以此少慰登陟之勞. 山中絶無松檜大木. 僅有矮松間生於石上. 只是雜樹蔥蔚成林薄. 而冬柏春柏最多. 幾乎夾路. 亦可愛也. 上六七里. 路邊有一盤石大且高. 與兒輩登其上. 環坐少許. 俯視洞門之外. 則邨煙未收. 海潮初生. 亦一景也. 進酒一巡

而下. 復乘肩輿. 越一澗上數里. 至龍巖寺. 寺蓋山之上頭九龍峯之下也. 巀石駕空. 構十餘間. 居僧亦十餘人. 郡人先至設席於寺樓. 坐而遊目. 則前後左右石峯巉巖. 無非奇怪可翫. 從西北望之. 則浩浩滄溟. 環繞於山外. 微茫島嶼. 點點於洋中. 余憑欄. 遂吟一絕曰寺在名山最上頭云云. 寺門外東厓下. 有泉水從巖隙湧出. 深可沒膝. 雖大旱不減云. 寺之界旣高而且邃. 人迹之所罕到. 俗塵之所不染. 眞休糧飡霞者之所棲息也. 而寺僧無一人可與語此者. 亦足爲嶽靈之羞也. 有頃廚人進酒果. 旣撤. 將往觀九龍峯. 躡芒鞋出門. 攀巖石而登. 巖上有佛塔頗高大. 由塔而上行數十步. 石路峻急傾危. 不可乘藍輿. 過此以後. 或乘或步. 而鳥道之難. 如上靑天. 仰臥於輿上. 若倒懸然. 及到九龍峯. 峯上下皆石也. 下則盤石長而廣. 石上有二凹處. 小水儲其中. 上則大石陡起作峯. 峯之北有小門. 登之者由此門而入. 峯上亦有凹處如峯下者七. 諺傳昔時九龍所臥之處. 故一名九井峯. 語涉荒誕而亦可異也. 登玆而望之. 則數百里內墟邑也原野也山海也. 皆在眼底. 眞是齊州點煙杯中一泓也. 所謂二動石. 皆在峯下十餘步許. 而一則平而廣. 三分之二在巖上. 一分垂空. 一則高而大. 丈可數三而圍可十餘. 立於衆巖石叢中. 二石之重. 雖累百人難動搖. 而使一僧往搖之能微動. 是之謂靈巖也. 語在道詵踏山記中. 九龍峯之北. 有二石峯相對而立. 峯腰以上則如以小石積累而成. 而決非人力所及. 造化之妙儘奇矣. 二峯之高. 半於九龍. 而兀然雙峙. 有若侍立者然. 吁其可觀也已. 余與從行兒輩坐九龍峯. 命笛工吹笛. 酌酒數杯. 飄飄然如遺世獨立. 羽化而登仙也. 遂吟一絕曰世界抽身出. 登臨九井峯云云. 俄而遊興未闌. 日輪已西. 羌恨塵緣之難斷. 不可以久留. 於是將下山. 起而還坐. 去而復顧. 眷眷焉如別佳人. 還到龍巖寺少憩. 廚人又進飯. 于時日將暮. 欲從來路直還. 經兒以未見道岬寺. 固請迤往其寺. 寺僧又來强要.

遂由龍巖寺而下. 向西而行. 傾崖峻嶺. 路益崎嶇. 未至道岬寺一里許.
路傍有道詵禪師碑. 碑石高可一丈餘. 廣可數尺許. 龜趺亦甚高大. 從下
望之勢甚壯. 碑文則李相公景奭所撰. 而刻字則吳判書竣筆也. 碑西一馬
場有小庵. 名碑殿. 尋之而入. 坐少頃卽發. 至道岬寺. 寺門之北有松臺.
臺之下有潭水. 蓋澗水流注於巖石爲瀑. 而瀑之下射處爲潭也. 坐翫未幾.
歸意甚促. 入寺門憩法堂. 寺在月出之西嶺下平地. 境不甚僻. 亦不甚奇.
而樓閣之多. 名於中國. 祇林之所稱道. 冠蓋之所經過. 余曾於三十年前.
以興德縣監過此一宿. 今爲地主重來. 有依然之想. 仍吟一絶曰三十年前
此地過. 禪房一夜伴維麻云云. 郡人李進士嘉徵適來相見. 話移時. 下吏
以整駕告. 遂與李上舍作別. 出寺門上馬. 山銜落日矣. 促鞭而馳. 乘昏
而歸. 余脚力素不健. 上山下山之際. 困於或步. 神甚疲脚甚痛. 不以爲
苦. 唯以登覽之壯. 胸懷之豁. 自詫於心. 而記之以示兒輩.

출전: 金兌一, 『蘆洲集』, 「遊月出山記 辛未閏七月日」

충청도 · 전라도 유산기 목록

1) 충청도 유산기 목록

	저자	작품명	출전	간년
1	오재정(嗚再挺) [1641~1709]	**遊俗離山錄**	『寒泉堂遺稿』 (卷之二)	1906년
2	석홍유(釋泓宥) [1718~1774]	遊俗離記	『秋波集』 (卷之三, 記)	미상
3	이동항(李東沆) [1736~1804]	遊俗離山記	『遲庵集』 (卷之伍)	미상
4	홍석주(洪奭周) [1774~1842]	俗離遊記	『淵泉集』 (卷之十九豊山洪奭周成伯著, 記)	1876년
5	박문호(朴文鎬) [1846~1918]	遊俗離山記	『壺山集』 (卷之三十)	1919년
6	장태수(張泰秀) [1841~1910]	遊俗離山記	『一逌齋集』	미상
7	도우경(都禹璟) [1755~1813]	俗離山遊錄	『明庵集』 (卷之四)	1901년
8	남몽뢰(南夢賚) [1620~1681]	遊俗離山錄	『伊溪集』 (卷之四, 雜著)	1937년
9	이시선(李時善) [1625~1715]	遊俗離山記	『松月齋集』 (卷之伍, 荷華編雜篇)	1763년
10	이현익(李顯益) [1678~1717]	遊俗離山記	『正菴集』 (卷之七, 記)	1773년
11	강정환(姜鼎煥) [1741~1816]	遊俗離山記	『典庵集』 (卷伍, 記)	1927년
12	이상수(李象秀) [1820~1882]	遊俗離山記	『峿堂集』 (卷十三, 記)	1900년
13	강재항(姜再恒) [1689~1756]	俗離山記	『立齋遺稿』 (卷之十三, 記)	1912년
14	이만부(李萬敷) [1664~1732]	俗離山記	『息山集』 (別集 卷之四, 地行錄[十一])	1813년

15	박문호(朴文鎬) [1846~1918]	遊華陽洞記	『壺山集』 (卷之三十)	1919년
16	송병선(宋秉璿) [1836~1905]	遊華陽諸名勝記	『淵齋集』 (卷之二十二, 雜著)	1907년
17	장태수(張泰秀) [1841~1910]	遊華陽洞記	『一逌齋集』	미상
18	이황(李滉) [1501~1570]	丹陽山水可遊者續記	『退溪集』 (卷之四十二, 記)	1843년
19	윤선거(尹宣擧) [1610~1669]	仲氏龜島潭記後說 癸未	『魯西遺稿續』 (卷之三, 雜著)	1712년
20	김창흡(金昌翕) [1653~1722]	丹丘日記 戊辰	『三淵集』 (拾遺 卷之二十七, 日記)	1732년
21	남유용(南有容) [1698~1773]	東遊小記 九	『雷淵集』 (卷之十四, 記)	1783년
22	하익범(河益範) [1767~1813]	潭洛行日記 庚申	『士農窩文集』 (卷之二, 雜著)	1880년
23	신광하(申光河) [1729~1796]	四郡紀行	『震澤集』 (卷之十一)	미상
24	정약용(丁若鏞) [1762~1836]	丹陽山水記	『與猶堂全書』 (第一集詩文集第十四卷○文集, 記)	1934~ 1938년
25	성해응(成海應) [1760~1839]	丹陽山水記	『研經齋全集』 (卷之九, 文一○記)	미상
26	허목(許穆) [1595~1682]	丹陽山水記	『記言』 (別集卷之九, 記)	1692년
27	서응순(徐應淳) [1824~1880]	四郡山水記	『絅堂集』 (卷之三)	1880년
28	이만부(李萬敷) [1664~1732]	四郡山水記	『息山集』 (別集 卷之二, 行錄[一])	1813년
29	한진호(韓鎭㝚) [1792~미상]	入峽記		미상
30	안창재(安昌載) [생몰년미상]	古藪洞窟探勝記	『竹軒詩稿』	미상
31	허훈(許薰) [1836~1907]	西遊錄	『舫山集』 (卷之十四, 雜著)	1910년

32	김창흡(金昌翕) [1653~1722]	湖行日記 壬吾	『三淵集』 (拾遺 卷之二十七, 日記)	1732년
33	유계(兪棨) [1607~1664]	黃山記遊	『市南集』 (卷之十九, 記 十五首)	1805년
34	송병선(宋秉璿) [1836~1905]	遊黃山及諸名勝記	『淵齋集』 (卷之十九, 雜著)	1907년
35	박종영(朴宗永) [생몰년미상]	迦葉山記	『松塢集』 (卷之九)	미상
36	신명현(申命顯) [1776~1820]	遊月山記	『萍湖遺稿』 (卷之二)	미상
37	서명응(徐命膺) [1716~1787]	遊永春記	『保晩齋集』 (卷第八達城徐命膺君受著, 記)	1838년
38	김윤식(金允植) [1835~1922]	登兩山記	『雲養集』 (卷之十 淸風金允植洵卿著, 記)	1930년
39	김득신(金得臣) [1604~1684]	新定縣山水可遊者記	『柏谷集』 (册伍, 記)	1687년
40	김득신(金得臣) [1604~1684]	蜜巖洞記	『柏谷集』 (册伍, 記)	1687년
41	강백년(姜栢年) [1603~1681]	遊寒碧樓說	『雪峯遺稿』 (卷之二十三, 說)	미상
42	석지책(釋旨册) [1721~1809]	遊曦陽山記贈人	『冲虛大師文集』 (卷之一)	조선 후기
43	송명흠(宋明欽) [1705~1768]	龍虎山水記 壬寅	『櫟泉集』 (卷之十三, 記)	1805년
44	허목(許穆) [1595~1682]	熊淵泛舟圖記 壬子	『記言』 (別集 卷之九, 記)	1692년
45	이곡(李穀) [1298~1351]	舟行記	『稼亭集』 (卷之伍, 記)	1662년
46	이동표(李東標) [1644~1700]	遊白馬江錄	『懶隱集』 (卷之伍, 記)	1880년
47	동계사(東溪師) [생몰년미상]	遊公山誌	『東溪集』 (卷之二, [文] 記)	미상
48	오재정(嗚再挺) [1641~1709]	遊鷄龍山錄	『寒泉堂遺稿』 (卷之一)	1906년

49	남하정(南夏正) [1678~1751]	鷄龍記行	『桐巢集』 (卷之四)	미상
50	박문호(朴文鎬) [1846~1918]	遊鷄龍山轉觀江鏡湖記	『壺山集』 (卷之三十)	1919년
51	강재항(姜再恒) [1689~1756]	鷄龍山記	『立齋遺稿』 (卷之十三, 記)	1912년
52	이의숙(李義肅) [1733~1805]	鷄龍山記	『頤齋集』 (卷四, 記)	1836년
53	송상기(宋相琦) [1675~1723]	遊雞龍山記	『玉吳齋集』 (卷之十三, 記)	1760년
54	정약용(丁若鏞) [1762~1836]	游烏棲山記	『與猶堂全書』 (第一集詩文集第十四卷○文集, 記)	1934~ 1938년
55	이경전(李慶全) [1567~1644]	大雪訪千方寺記	『石樓遺稿文集』 (卷之一, 記)	1659년
56	정약용(丁若鏞) [1762~1836]	永保亭宴游記	『與猶堂全書』 (第一集詩文集第十四卷○文集, 記)	1934~ 1938년
57	남구만(南九萬) [1629~1711]	溫陽溫泉北湯記	『藥泉集』 (第二十八, 記)	1723년
58	권이진(權以鎭) [1668~1734]	無愁洞記	『有懷堂集』 (卷之七, 記)	미상
59	임한주(林翰周) [1871~1954]	烏山瀑布記	『惺軒集』 (卷之二)	미상
60	임한주(林翰周) [1871~1954]	偁庵尋瀑布記	『惺軒集』 (卷之二)	미상

2) 전라도 유산기 목록

	저자	작품명	출전	간년
1	임훈(林薰) [1500~1584]	登德裕山香積峯記	『葛川集』 (卷之三, 文)	1665년
2	허목(許穆) [1595~1682]	德裕山記	『記言』 (卷之二十八〇下篇, 山水記)	1692년
3	송병선(宋秉璿) [1836~1905]	德裕山記	『淵齋集』 (卷之二十一, 記)	1907년
4	이만부(李萬敷) [1664~1732]	德裕山記	『息山集』 (別集 卷之三, 地行錄[八])	1813년
5	최유윤(崔惟允) [1809~1877]	四德記	『夢關集』 (卷之三)	1902년
6	오숙(嗚翻) [1592~1634]	游愁送臺記	『天波集』 (第四, 記)	1646년
7	이세환(李世瑍) [생몰년미상]	遊邊山記	『果齋集』	미상
8	심광세(沈光世) [1577~1624]	遊邊山錄	『休翁集』 (卷之伍, 雜著)	1636년
9	김수민(金壽民) [1734~1811]	遊邊山錄	『明隱集』 (卷之十伍)	미상
10	송병선(宋秉璿) [1836~1905]	邊山記	『淵齋集』 (卷之二十一, 雜著)	1907년
11	석인오(釋印惡) [1548~1623]	Y嵯峯記	『青梅集』	1633년
12	최현(崔晛) [1563~1640]	赤裳山寶鏡寺香爐峯記	『訒齋集』 (卷之十, 記)	1778년
13	이기(李沂) [1848~1909]	游萬德山記 庚吾	『海鶴遺書』 (卷八 固城李沂伯曾著, 文錄[六]〇記)	미상
14	이기(李沂) [1848~1909]	重游萬德山記	『海鶴遺書』 (卷八 固城李沂伯曾著, 文錄[六]〇記)	미상
15	이규보(李奎報) [1168~1241]	南行月日記	『東國李相國全集』 (卷第二十三, 記)	미상

16	김수민(金壽民) [1734~1811]	梯谷滄村記	『明隱集』 (卷之十伍)	미상
17	김재홍(金在洪) [생몰년미상]	龍湖洞九曲記	『遂吳齋集』 (卷之四)	1951년
18	정홍채(鄭泓采) [생몰년미상]	豊沛山水記	『逸齋集』 (卷之二)	미상
19	이창신(李昌新) [생몰년미상]	遊威鳳山城記	『槐亭集』 (卷之四)	미상
20	송병선(宋秉璿) [1836~1905]	白巖山記	『淵齋集』 (卷之二十一, 雜著)	1907년
21	송병선(宋秉璿) [1836~1905]	兜率山記	『淵齋集』 (卷之二十一, 雜著)	1907년
22	권헌(權攇) [생몰년미상]	遊千房寺址記	『震溟集』	1849년
23	이남규(李南珪) [1855~1907]	遊千房寺舊址記	『修堂遺集』 (册六, [記])	미상
24	이재두(李載斗) [생몰년미상]	遊星巖亭記	『直峯遺稿』	미상
25	송은성(宋殷成) [1836~1898]	遊龍巖山記	『白下集』 (權之三)	미상
26	박문호(朴文鎬) [1846~1918]	漫遊記	『壺山集』 (卷之三十一)	1919년
27	이정직(李定稷) [1841~1910]	遊道成庵記	『石亭集』 (卷之四)	1926년
28	김수민(金壽民) [1734~1811]	遊夕陽山記	『明隱集』 (卷之十伍)	미상
29	고경명(高敬命) [1533~1592]	遊瑞石錄		미상
30	정약용(丁若鏞) [1762~1836]	遊瑞石山記	『與猶堂全書』 (第一集詩文集第十三卷○文集, 記)	1934~ 1938년
31	송병선(宋秉璿) [1836~1905]	瑞石山記	『淵齋集』 (卷之二十一, 雜著)	1907년
32	양회갑(梁會甲) [1884~1961]	瑞石山記	『定齋集』 (卷之九)	1965년

33	정홍명(鄭弘溟) [1582~1650]	遊楓巖記	『畸庵集』 (續錄 卷之十一, [記])	1653년
34	오준선(嗚駿善) [1851~1931]	壬戌秋黃龍江船遊記	『後石集』 (卷之一)	미상
35	김창흡(金昌翕) [1653~1722]	南遊日記丁酉	『三淵集』 (拾遺 卷之二十八, 日記)	1732년
36	남유용(南有容) [1698~1773]	遊玉流洞記 乙未	『雷淵集』 (卷之十三, 記)	1783년
37	남유용(南有容) [1698~1773]	門巖記	『雷淵集』 (卷之十四, 記)	1783년
38	김성일(金誠一) [1538~1593]	遊赤壁記 丙戌	『鶴峯集』 (續集 卷之伍, 記)	1649년
39	권재규(權在奎) [생몰년미상]	遊赤壁記	『直菴集』 (卷之三)	미상
40	송병선(宋秉璿) [1836~1905]	赤壁記	『淵齋集』 (卷之二十一, 雜著)	1907년
41	황현(黃玹) [1855~1910]	赤壁記	『梅泉集』 (卷六 長水黃玹雲卿著, 記)	1913년
42	정홍채(鄭泓采) [생몰년미상]	赤壁日記	『逸齋集』 (卷之二)	미상
43	정약용(丁若鏞) [1762~1836]	遊勿染亭記	『與猶堂全書』 (第一集詩文集第十三卷○文集, 記)	1934~ 1938년
44	노경임(盧景任) [1569~1620]	遊鸕鷀巖記	『敬菴集』 (卷之二, 記)	미상
45	이산해(李山海) [1539~1609]	月夜訪雲住寺記	『鵝溪遺槀』 (卷之六, 記類)	광해 군대
46	이산해(李山海) [1539~1609]	雲住寺記	『鵝溪遺槀』 (卷之六, 記類)	광해 군대
47	이산해(李山海) [1539~1609]	酬酢村記	『鵝溪遺槀』 (卷之六, 記類)	광해 군대
48	이하곤(李夏坤) [1677~1724]	南遊錄	『頭陀草』 (册十七, 十八, [雜著])	미상
49	허목(許穆) [1595~1682]	月嶽記	『記言』 (卷之二十八○下篇, 山川[下])	1692년

50	김태일(金兌一) [1637~1702]	遊月出山記	『蘆洲集』 (卷之三, 記)	1747년
51	정상(鄭詳) [1533~1609]	月出山遊山錄	『滄洲遺稿』 (卷之一)	미상
52	양회갑(梁會甲) [1884~1961]	月出山記	『正齋集』 (卷之九)	1965년
53	송병선(宋秉璿) [1836~1905]	遊月出, 天冠山記	『淵齋集』 (卷之二十二, 雜著)	1907년
54	이희석(李僖錫) [생몰년미상]	遊冠山記	『南坡集』 (卷之伍)	1898년
55	허목(許穆) [1595~1682]	天冠山記	『記言』 (卷之二十八○下篇, 山川[下])	1692년
56	박춘장(朴春長) [1595~1664]	支提山遊賞記	『東溪集』 (卷之四)	미상
57	양회갑(梁會甲) [1884~1961]	天冠萬德山記	『正齋集』 (卷之九)	1965년
58	이희석(李僖錫) [생몰년미상]	遊獅山記	『南坡集』 (卷之伍)	1898년
59	위백규(魏伯珪) [1727~1798]	獅子山同遊記	『存齋集』 (卷之二十一, 記)	1875년
60	위백규(魏伯珪) [1727~1798]	蒲峯記	『存齋集』 (卷之二十一, 記)	1875년
61	위백규(魏伯珪) [1727~1798]	金塘島船遊記	『存齋集』 (卷之二十一, 記)	1875년
62	서봉령(徐鳳翎) [생몰년미상]	遊金堂島記	『梅堅集』 (卷之十二)	미상
63	양회갑(梁會甲) [1884~1961]	儒達山記	『正齋集』 (卷之九)	1965년
64	이주(李冑) [미상~1504]	金骨山錄	『忘軒遺稿』 (拾遺)	미상
65	최일휴(崔日休) [1638~1699]	遊頭崙山記	『蓮泉集』 (卷之三)	1930년
66	홍석주(洪奭周) [1774~1842]	頭輪遊記	『淵泉集』 (卷之十九, 記)	1876년

67	윤선도(尹善道) [1587~1671]	金鎖洞記	『孤山遺稿』 (卷之伍下, 記)	1796년
68	양회갑(梁會甲) [1884~1961]	八影山記	『正齋集』 (卷之九)	1965년
69	이명한(李明漢) [1595~1645]	遊南川石潭記	『白洲集』 (卷之十六)	1646년
70	송병선(宋秉璿) [1836~1905]	遊昇平記	『淵齋集』 (卷之二十一, 雜著)	1907년
71	김만현(金萬鉉) [생몰년미상]	廬山紀行	『晚休堂遺集』 (卷之二, 雜著)	미상
72	홍석주(洪奭周) [1774~1842]	松廣遊記	『淵泉集』 (卷之十九, 記)	1876년
73	양회갑(梁會甲) [1884~1961]	鍾鼓山記	『正齋集』 (卷之九)	1965년
74	김수민(金壽民) [1734~1811]	望德山記	『明隱集』 (卷之十伍)	미상